फ्रेंच कवियों की शृंखला

# बॉदलेयर और उनकी कविता

मूल फ्रांसीसी भाषा से अनूदित

फ्रेंच कवियों की श्रृंखला

# बॉदलेयर
# और उनकी कविता

अनुवाद, चयन एवं सम्पादन

**मदन पाल सिंह**

वाणी प्रकाशन

वाणी प्रकाशन
4695, 21-ए, दरियागंज, नयी दिल्ली-110002
शाखा
अशोक राजपथ, पटना-800004
फ़ोन : +91 11 23273167 फ़ैक्स : +91 11 23275710
www.vaniprakashan.in
vaniprakashan@gmail.com

Baudelaire Aur Unki Kavita
*Translated by* Madan Pal Singh

ISBN : 978-93-5072-969-4
Poetry



प्रथम संस्करण

मूल्य : ₹125

INSTITUT
FRANÇAIS

*The Publication of this work is supported by a grant from the Institut Fraiçais which is funded by the French Ministry of Foreign Affairs.*



*प्रिंटलैंड डिजिटल, दिल्ली-110 020 में मुद्रित*

*वाणी प्रकाशन का लोगो मक़बूल फ़िदा हुसेन की कूची से*

# बॉदलेयर और उनकी कविता

बॉदलेयर की कविताओं के अनुवाद की इस पुस्तक पर चर्चा करने से पहले, इन कविताओं के उस स्रोत पर दृष्टि डालनी आवश्यक है जहाँ से इन्हें चुना गया है। इसके लिए उन्नीसवीं शताब्दी के मध्य में लौटना होगा, जब पेरिस के एक प्रकाशक द्वारा 1857 में बॉदलेयर की एक कविता पुस्तक Les Fleurs du mal (ले फ्लर दू माल) के नाम से प्रकाशित हुई थी। इस पुस्तक में जैसे कवि ने अपने सारे विचार, आस्था, घृणा, संताप और प्रेम भरे हृदय को उड़ेल दिया था। अनेक खंडों में विभाजित इस कविता पुस्तक के द्वारा कवि ने रोमांटिक रहकर भी, सदियों से चली आ रही रोमांटिक स्वर की धारा को कथ्य, विचार और बिम्बों के माध्यम से दूसरी ही दिशा में मोड़ दिया। ये आधुनिक विचार और बिम्ब मुख्यत: कविता लिखने के एक पुराने तरीके सॉनेट के माध्यम से प्रेषित हुए थे।

जहाँ इन कविताओं की विषयवस्तु पाठकों को कौतूहल और एक थरथराहट से भर रही थी, वहीं शासन ने भी इस पुस्तक की अनेक कविताओं पर प्रतिबन्ध लगाकर इस कविता संकलन का अपने तरीके से स्वागत किया। प्रतिबन्धित कविताएँ थीं—'लेस्बोस', 'शापित औरतें' (देल्फिन और हिप्पोलित), 'नरक नदी', 'एक निर्दयी खूबसूरत छलना के नाम', 'रत्न' और 'पिशाचनी के रूप'। शासन का तर्क था कि ये कविताएँ जनता की मर्यादा, इज्जत और विश्वास को तार-तार कर रही थीं। इसके लिए कवि पर 300 फ्रैंक जुर्माना भी हुआ। चूँकि ये कविताएँ फ्रांस में नहीं छप सकती थीं। इसलिए कवि ने उन्हें कुछ अन्य कविताओं के साथ एक छोटी पुस्तिका के रूप में ब्रुसेल्स से प्रकाशित कराया। इन कविताओं पर फ्रांस में 1949 तक प्रतिबन्ध रहा।

अब इस पुस्तक की विषयवस्तु के विस्तार में जाने से पहले उसके शीर्षक पर चर्चा कर ली जाये। Les Fleurs से तात्पर्य फूल यानी एक अच्छे रूप से है जो खुलकर अपनी खुशबू फैलाता है। लेकिन यह पुष्प आया कहाँ से है और इसकी जड़ कहाँ है? इस प्रश्न का उत्तर शीर्षक के दूसरे शब्द Mal में छिपा है। जिसका अनेक अर्थों में प्रयोग किया जाता है, जैसे दु:ख-दर्द, त्रास, परेशानी, गिजालत, नासमझी, तुच्छता, बीमारी, विपदा, अशुभ इत्यादि। पुस्तक की कविताओं को पढ़ने के बाद यही लगता है कि हिन्दी में इसके फ्रांसीसी शीर्षक का सामान्यीकरण

'दर्द के फूल' के रूप में किया जा सकता है। इसकी पुष्टि के अनेक कारण भी हैं, जैसे कि कविताओं का अन्तर्निहित भाव, प्रकृति और मानवजन्य दुःख-दर्द से भरी नियति, इच्छाओं, वासनाओं का जंगल है जो हमें नियन्त्रित कर अपना कैदी बना लेता है और हमें हमेशा ही दुःख-दर्द से भरता है। उस जंगल में ही तो ये फूल खिले हैं। इस शीर्षक को कवि के लिखे समर्पण से भी पुष्ट किया जा सकता है। बॉदलेयर ने यह पुस्तक अपने कवि मित्र थियोफिल गॉथिए (1811-1872) को समर्पित की थी। कवि ने इन कविता रूपी फूलों के विशेषण के लिए जो फ्रांसीसी शब्द इस्तेमाल किया था उसका अन्तर्निहित भाव भी दुःख-दर्द, उदासी, रुग्णता से है। इस तरह पुस्तक के शीर्षक में आने वाले दो शब्द बहुत निकट पर विपरीत भी दिखाई देते हैं। लेकिन संकलन की कविताएँ पढ़ने पर और इनके आलोक में इन दोनों शब्दों को जोड़कर देखने से कवि का मन्तव्य स्पष्ट हो जाता है।

यह भी रेखांकित करना आवश्यक है कि कवि के लिए पाप और पुण्य ऐसे जुड़वाँ प्रारब्ध हैं जिनका अस्तित्व जीवन में एक साथ निहित है। इस तरह उनकी कविता न तो पाप की कविता है और न ही पुण्य की। बल्कि यह तो इन भावों के आपसी द्वन्द्व से उपजे त्रास और दर्द की कविता है। यह दिव्य सौन्दर्य और लौकिक सुन्दरता के मध्य पाये जाने वाले विचलन की कविता है।

बॉदलेयर की मूल कविता पुस्तक छः भागों में बँटी है और प्रत्येक भाग की अपनी विशेषताएँ हैं। Spleen et Ideal (जिन्दगी की कड़वाहट और आदर्श) में जहाँ संताप, दुःख-दर्द, जुगुप्सा भरे अनुभव और आदर्शवादी इच्छाओं के बिम्ब हैं, जैसे कि शीर्षक से ही स्पष्ट है, वहीं Tableaux Parisiens (पेरिस के दृश्य) में कवि आधुनिक होते हुए भी उस आधुनिकता का विरोध करता दीखता है जो स्मृतियों और प्रेरणा को विनष्ट कर देती है, जिनसे कवि गहराई से जुड़ा था। शहरी जीवन की दशा और दिशा के अनेक कोलाज इस खंड में समाये हैं। Le Vin (मदिरा) शीर्षक खंड में जहाँ मदिरा पर कविताएँ हैं, वहीं आत्मा की स्वतन्त्रता और उसकी आजादी पर भी कविताएँ हैं, जिनमें मदिरा एक रूपक है। यहाँ कवि परमानन्द खोजने के प्रयास में है। Les Fleurs du mal (दर्द के फूल) में वेदना भरे विचार और बेचारगी भरी नियति की कविताएँ हैं। सबसे स्पष्ट यदि किसी खंड की सामग्री के बारे में लिखा जा सकता है तो वह Révolte (विद्रोह) है, जिसमें शैतान के ऊपर कविताएँ हैं और उसका गहरा असर कवि और समाज पर दिखाया गया है। पुस्तक का सबसे अन्तिम खंड La Mort (मृत्यु) है जो कि जीवन की सबसे अन्तिम, आवश्यक यात्रा है। एक ऐसी नियति जो दुःख-दर्द, ग्लानि से ऊपर उठाकर एक नये प्रकाश से आत्मा को भर देती है। एक परमावश्यक, आनन्ददायक

मुक्ति को यहाँ मृत्यु कहा गया है। यह बताना भी आवश्यक है कि जहाँ ये खंड विषय और काल के सन्दर्भ में एक-दूसरे से जुड़े हैं वहीं इन खंडों के बीच में कहीं भी बॉदलेयर के विचार केवल एक ही खंड विशेष का विषय बनकर नहीं रहे हैं, वे तो सर्वत्र अपने-अपने रूप में विद्यमान हैं।

Les Fleurs du mal के बहाने कवि के जीवन और उसके समय की पड़ताल करना भी आवश्यक है। और यहाँ यह मालूम करना भी जरूरी है कि किन जीवन-परिस्थितियों में ये कविताएँ रची गयीं।

शार्ल पियर बॉदलेयर का जन्म 9 अप्रैल 1821 में एक पेरिसवासी अधिकारी जोसेफ फ्रांस्वा बॉदलेयर के घर हुआ था। कवि की माता कारोलिन आर्शिम्बो दयूफे (1793-1871) से फ्रांस्वा बॉदलेयर उम्र में करीब 34 साल बड़े थे। 1827 के दौरान, करीब 6 वर्ष की उम्र में, बॉदलेयर ने अपने पिता को खो दिया। इस घटना से माता और पुत्र के जीवन में एक नया बदलाव आया। जहाँ बच्चा शार्ल अपनी माँ के और भी करीब आ गया, वहीं जल्दी ही बॉदलेयर की माँ ने एक खूबसूरत फ्रांसीसी सैन्य अधिकारी जॉक ओपिक (1789-1857) से 1828 में विवाह रचा लिया। इस विवाह से कारोलिन को एक नया सहारा मिला, लेकिन इसके विपरीत छोटे बच्चे का भावुक सम्बल उससे कुछ दूर जा चुका था। कवि के मन-मस्तिष्क पर इसका बुरा और गहरा प्रभाव पड़ा। बॉदलेयर के सौतेले पिता ने अनेक महत्त्वपूर्ण पदों जैसे राजदूत और सांसद के तौर पर कार्य किया था। चूँकि एक पिता की प्राथमिकता पुत्र को कवि के रूप में देखने की अमूमन नहीं होती है और वह तो सौतेले पिता थे, अतः वह बॉदलेयर के कविकर्म से कभी सन्तुष्ट न हो सके। इसी तरह कारोलिन को भी अपने पुत्र से कवि के रूप में किसी बड़ी ख्याति या सफलता की उम्मीद नहीं थी।

अपने छात्र साथियों के मध्य कला और साहित्यिक रुझान रखने वाले बॉदलेयर ने किसी तरह इंटरमीडिएट के स्तर तक की पढ़ाई पूरी की। वहीं से उनके बोहेमियन जीवन का आरम्भ हुआ। उस समय वह अपनी विचारधारा और कामों द्वारा बुर्जुआ परिवार और समाज का विरोध कर रहे थे, तथा प्रत्युत्तर में अपनी माँ और सौतेले पिता का विरोध झेल रहे थे। इसी दौरान वह अनेक तरह की लतों जैसे मादक द्रव्य और वेश्याओं के सम्पर्क में आये। अपने सौतेले पुत्र को इन सबसे बचाने और उसका मानस बदलने के लिए उनकी माता और सौतेले पिता ने 1841 में उन्हें एक समुद्री यात्रा पर भेज दिया। यह जहाज भारत तक आना था, लेकिन तकनीकी कमियों के कारण वहाँ तक नहीं जा पाया। इससे बॉदलेयर मॉरीशस द्वीप पर ही उतर गये। इस तरह कवि भारत तो नहीं पहुँच सके, लेकिन भारतवंशी सौन्दर्य की

झलक उन्हें मॉरीशस द्वीप पर मिल चुकी थी, जिन्हें अपनी यादों में समाकर वह वापिस पेरिस लौट आये। वहाँ के प्राकृतिक और मानवीय सौन्दर्य का कवि पर जीवनपर्यन्त गम्भीर असर रहा।

इसके बाद तो बॉदलेयर का जीवन बड़ा ही तूफानी रहा। कर्ज, कला, कविता, गुप्त रोग, अवसाद, मादक द्रव्य के साथ सामाजिक पाखंड के प्रति उनकी नफरत जहाँ उन्हें घेरे हुए थी, वहीं विभिन्न औरतों जैसे जॉन दूवाल, अपोलोनी और मारी से उनके प्रेम सम्बन्ध भी चलते रहे। ये सब मिलकर बॉदलेयर से जैसे अपना स्थान माँग रहे थे और अपने-अपने हिस्से के शब्द कवि से छीन रहे थे। 1845 और 1846 में उनके कला की आलोचना सम्बन्धी लेख प्रकाशित हुए। इसके बाद 1856 और 1857 में लेखक एडगर एलेन पो की कहानियों के अनुवाद प्रकाश में आये। और फिर 1857 के मध्य में Les Fleurs du mal (दर्द के फूल) का प्रकाशन हुआ। जिसके बारे में पहले ही जिक्र किया जा चुका है।

बॉदलेयर की रचनात्मकता की चर्चा कवि की जीवन-शैली को जाने बिना अधूरी है। खासतौर पर उन घटनाओं का संज्ञान जरूर लिया जाना चाहिए जिन्हें उस समय एक प्रयोग और फैशन के तौर पर देखा जा रहा था। लेकिन इनसे बॉदलेयर को मानसिक संताप से गुजरना पड़ा। अनुमान लगाया जाता है कि इस रचनात्मक क्षमता के पीछे इन घटनाओं और व्यसनों का भी हाथ रहा था।

वह जहाँ युवावस्था में वेश्याओं के सम्पर्क में आये, वहीं उन्होंने मादक द्रव्य जैसे चरस और अफीम का सेवन भी आरम्भ कर दिया। वह बाकायदा पेरिस में स्थित लोतेल पिमोदां के हशीश क्लब के सदस्य थे। जहाँ फ्रांसीसी साहित्य के अनेक दिग्गज जैसे विक्टर ह्यूगो, जेरार द नरवाल, बालज़ाक, थियोफिल गॉथिए आदि इकट्ठे होते थे और चरस इत्यादि का खुशबूदार मशालों के साथ लुत्फ़ उठाया करते थे। 1840 से 1849 के मध्य सक्रिय रहने वाले पेरिस के इस क्लब में मादक द्रव्य के सेवन का उद्देश्य यही होता था कि वे इनके माध्यम से एक खास मानसिक अवस्था में चले जायें जहाँ कला और साहित्य में उन्हें नये रचनात्मक विचार मिल सकें। बॉदलेयर ने मादक द्रव्य के अनुभवों को अनेक रूपों में पाया। उनके अनुसार इनके प्रभाव से जहाँ रचनात्मकता महसूस होती थी वहीं उनका असर समाप्त होने पर एक खालीपन महसूस होता था।

इसके अतिरिक्त उनकी कविताओं में मदिरा का अनेक रूपों में उल्लेख है तथा कविता पुस्तक का एक खंड ही मदिरा पर है। बॉदलेयर मदिरा का सेवन सामाजिक स्तर पर करते थे, तथा सुख और रचनात्मकता का आभासी संसार रचने के लिए भी। लेकिन बॉदलेयर के कवि मित्र गुस्ताव ल वावासर (1819-1896) के अनुसार

वह मदिरा का अत्यधिक सेवन नहीं किया करते थे। इस रचनाकार की कविता में प्रयुक्त मदिरा का तात्पर्य, केवल इसके सेवन से ही नहीं था बल्कि यह आत्मा की मादकता और सुख के आभास का पर्याय भी थी।

कवि में आत्महंता के लक्षण भी यदा-कदा उभरते रहते थे। यहाँ तक कि बॉदलेयर ने अपनी आत्महत्या के बारे में अपने विचार अपने पारिवारिक मित्र और नोटेरी को लिखे थे। पत्र के अनुसार वह जीवन से ऊब गये थे तथा जहाँ दूसरों के लिए अपने अस्तित्व को अनुपयोगी पा रहे थे, वहीं अपने लिए खुद भी एक खतरा बन चुके थे। लेकिन साथ ही अपने अस्तित्व की अमरता पर विश्वास जता रहे थे। इस तरह की घटनाओं को संज्ञान में लें तो इसमें अतिशयोक्ति प्रतीत नहीं होती कि वह सामान्य मानसिक अवसाद के साथ, जटिल मानसिक अवसाद की गिरफ्त में भी थे। जिसमें व्यक्ति उन्माद की हद तक आशावादी हो जाता है और उस पर अपने आपको श्रेष्ठ समझने की सनक भी सवार हो जाती है। इसके विपरीत दूसरी तरफ आशाहीन अवसाद अपनी गिरफ्त में ले लेता है। अनेक दु:खद आर्थिक-पारिवारिक घटनाओं, वेश्यागमन से मिले गुप्तरोग, मादक द्रव्यों का सेवन और अवसाद के कारण कवि को विश्वास हो चला था कि वह काल और दुर्गति के निर्मम पंजे के अधीन एक शापित कवि है।

इस अनिश्चितता से भरे जीवन के बीच, 1864 में कवि ने अपने कला सम्बन्धी विचारों की एक सीरीज बेल्जियम में आयोजित करने का निश्चय किया। लेकिन यह सीरीज परवान न चढ़ सकी। हाँ, इस प्रवास के दौरान कवि विक्टर ह्यूगो से अनेक बार मिले जो राजनैतिक निर्वासन काट रहे थे। उधर कवि की प्रेमिका जॉन दूवाल अन्धी औरत के रूप में सिफलिस से ग्रस्त यातनापूर्ण जीवन बिता रही थी। वहीं बॉदलेयर का स्वास्थ्य गिर रहा था और अन्तिम दिन करीब आ रहे थे। बेल्जियम में ही एक चर्च के दौरे के दौरान कवि अपना मानसिक सन्तुलन खो बैठे और फिर रही-सही कसर फालिज पड़ने से पूरी हो गयी। अन्तिम दो वर्ष बड़े ही कष्टपूर्ण रहे। उसके बाद कवि ने मानसिक और शारीरिक अपंगता के बीच 31 अगस्त, 1867 में पेरिस में अन्तिम श्वास ली। बॉदलेयर को पेरिस के पारिवारिक कब्रिस्तान मोंपार्नेस में दफना दिया गया। कवि ने बचपन में अपने पिता को खो दिया था। सौतेले पिता की मृत्यु 'ले फ्लर दू माल' के प्रकाशन के वर्ष यानी 1857 में हुई। बॉदलेयर की मृत्यु के करीब चार साल बाद उनकी माँ नहीं रहीं। तमाम वितृष्णा और कष्ट से ऊपर, इस दुनिया से दूर, अपनी-अपनी मृत्यु के उपरान्त इन सब लोगों ने एक-दूसरे को अपने करीब ही पाया होगा।

धर्म और आस्था के सन्दर्भ में यदि हम उनके कविकर्म को परखते हैं तो

बॉदलेयर को अपनी मुख्य कविता पुस्तक के प्रकाशन के साथ ही धर्म के साथ एक विशेष दृष्टिकोण रखने वाला रचनाकार मान लिया गया था। ईश निन्दा के लिए उस समय के तन्त्र द्वारा उनकी आलोचना भी हुई। वह अपनी पुस्तक के खंड 'विद्रोह' में शैतान की वन्दना करते भी हैं और उससे निकटता का अहसास भी कराते हैं। यह सत्य प्रतीत होता है कि कैथोलिक परिवार में जन्म लेने के बावजूद वह कोई कट्टर धार्मिक व्यक्ति नहीं बल्कि एक आस्थावान व्यक्ति थे। अनेक धार्मिक प्रतीकों का भी उनकी कविता में प्रयोग हुआ है। लेकिन यदि धर्म में भय, मौत, दंड, नफरत, व्यभिचार, तड़प आदि का समावेश है तो बॉदलेयर को धार्मिक भी कहा जाना चाहिए। और इन सबसे उनका जीवन और कविकर्म अछूता भी नहीं था।

बॉदलेयर की कविता की वैचारिक आधुनिकता पर बात करने से पूर्व यह चर्चा भी उचित होगी कि बॉदलेयर की कविता ऐसे स्थान पर है जहाँ कविता को अनेक रूपों में एक-दूसरे से जुड़ी गलियों के रूप में देखा जा सकता है। जैसे रोजमर्रा के छोटे या बड़े वास्तविक अनुभव की कविता, रोमांटिज्म, कलावादी काव्य और प्रतीकवादी कविता। इस तरह कविता का यह ताना-बाना वह चौराहा है जिसमें उनकी खास किस्म की तिक्त अनुभवजन्य वास्तविकता तथा सोच की आधुनिकता है। वह घटनाओं और विचारों को एक बँधे-बँधाये रोमांटिक रूप और बिम्ब में न दिखाकर सत्यता को वीभत्स और जघन्यता के साथ सामने लाते हैं, एक अघोरी-कविता की तरह। अनेक कलात्मक वादों के इस समुच्चय को इस तरह भी व्याख्यायित किया जा सकता है कि हर काल में समय और संक्रमण को देखने वाला और उसे सम्प्रेषित करने वाला व्यक्ति होता है। हम यहाँ बॉदलेयर को संत नहीं कहते, न ही यहाँ हमारा उद्देश्य कवि की वैचारिक और सम्प्रेषण की आधुनिकता को एक पैगम्बर की आदर्शता के ढाँचे में फिट करना है। हाँ, उनके बेलोस विचारों की प्रशंसा जरूर की जा सकती है। और यही आधुनिकता उनकी कविता, कला विषयक निबन्ध, गद्य-गीतों और मादक द्रव्यों पर लिखे लेखों में देखी जा सकती है।

इस आधुनिकता को उनके सॉनेट और उनमें आयी लय की अनुगूँज से जोड़कर भी देखा जा सकता है। वह इसलिए भी आधुनिकतावादी हैं क्योंकि उन्होंने नये कथ्य को पुराने सॉनेट में कहा और जमकर कहा। इसके साथ ही सॉनेट में पारम्परिक लय के सिद्धान्त की परवाह न करके परिवर्तन भी किये, जिससे एक अलग अनुगूँज पैदा हुई। इस अनुभव को कवि की मूल कविताओं को सुनकर ही महसूस किया जा सकता है।

फिर मिथकीय चरित्रों तथा मूर्तियों की आधुनिक विचारों के साथ एकरूपता,

केवल संयोग ही नहीं था। उनकी आधुनिकता रूपकों के माध्यम से भी देखी जा सकती है, जिन्हें पढ़कर उस समय का समाज चौंक उठा था। इस पर स्वयं रोमांटिक कवि विक्टर ह्यूगो ने रूपकों से भरी कविता को एक नये तरह से रोमांचित करने वाली कविता कहा था।

बॉदलेयर की कविता में आये कुछ नये विषयों ने भी एक जुगुप्सा पैदा की। जैसे लेस्बियन सम्बन्ध, ईश्वर और शैतान की सत्ता के सन्दर्भ में 'विद्रोह' खंड के अन्तर्गत लिखी कविताएँ। 'पिशाचनी के रूप' आदि भी आधुनिकता के उदाहरण के तौर पर चिह्नित की जा सकती हैं। कह सकते हैं कि बॉदलयेर ने उन विषयों पर भी कविता लिखीं जो रोमांटिक कवियों के लिए त्याज्य और घृणित थे।

एक तरफ जहाँ बॉदलेयर नए बिम्ब और नए विषय के चुनाव के कारण अग्रगामी के रूप में प्रतिष्ठित थे, वहीं नवनिर्माण और पेरिस शहर को एक आधुनिक शहर बनाने का उन्होंने अपनी कविता में विरोध किया। दरअसल, नेपोलियन तृतीय के आदेश के अनुसार, पेरिस शहर को साफ और आधुनिक बनाने का निर्णय लिया गया था। जिसके कारण अनेक गली, रास्ते, भवन इस पुनर्निर्माण की चपेट में आये, जिसका कवि ने विरोध किया। क्योंकि वे बुत, भवन, गलियाँ अदृश्य हो रही थीं, जिनसे कवि को प्रेरणा मिलती थी। वेश्याएँ, कामगार, भिखारी, वक्त के मारे लोग जो उनकी कविताओं में मौजूद थे, जैसे इस पुनर्निर्माण के कारण तितर-बितर हो रहे थे। ये कवि के लिए पेरिस के महत्त्वपूर्ण और जीवित धड़कते हुए अंग थे। इन्हीं स्मृतियों को कवि ने अपनी कविता की पुस्तक Les Fleurs du mal के खंड 'पेरिस के दृश्य' में सँजोया है। यहाँ इस उदाहरण को हम दो तथ्यों से जोड़कर देख सकते हैं। प्रथम, पेरिस के इस नये रूप से कवि स्वयं और अपनी कविताओं में आये चरित्रों के साथ तालमेल बैठाने में असहज महसूस कर रहा था। वहीं इस परिघटना का एक नया रचनात्मक रूप भी Les Fleurs du mal में प्रकट हुआ। जिसके अन्तर्गत 'पेरिस के दृश्य' में 18 कविताएँ संकलित की गयीं, जो एक तरह से दिन और रात के समय को समेटे यादों की यात्रा का एक कोलाज ही है। और अपने आप में आधुनिकता तथा कविता के नये गठन-संयोजन का सशक्त उदाहरण भी।

बॉदलेयर कला के अनेक रूपों से जुड़े थे। यद्यपि उन्होंने इसकी कोई औपचारिक शिक्षा नहीं पायी थी, पर उनके कला पर लिखे निबन्ध, कला पर आलोचना के एक नये दृष्टिकोण से सम्पन्न गम्भीर कार्य के रूप में देखे जाते हैं। कला के प्रति प्रेम जैसे उन्हें विरासत में मिला था। जहाँ वह जर्मन संगीतकार रिचर्ड वेगनर के संगीत से प्रभावित थे, वहीं एडगर एलन पो के विचारों से उनकी दुखद-रहस्यमयी कविताएँ लिखने की प्रेरणा भी कहीं न कहीं जुड़ी है। साथ ही कवि ने पो की कृतियों के

अनुवाद किये, जिससे पो भी फ्रांसीसी पाठकों के बीच अमर हो गये। यदि चित्रकला की बात करें तो चित्रकार मित्र एदुआर माने की कला को बॉदलेयर के माध्यम से भी समझा जा सकता है।

लेखकों के बॉदलेयर के प्रति नजरिये को हम ज्याँ पॉल सात्र से प्रारम्भ कर सकते हैं जो उनके कार्य पर बिखरे हुए जीवन की छाप देखते हैं। उनके अनुसार बॉदलेयर की कविता, जीवन के बुरे अनुभव का अक्स या उस अक्स से छुटकारा पाने के साधन के रूप में दिखाई देती है और एक भ्रम के रूप में भी, जो जीवन से कविता में और कविता से जीवन में आ गये थे। इसमें असत्य भी क्या है? क्योंकि कवि के लिए कविता और जिन्दगी एक-दूसरे का पर्याय ही तो थे।

इसके अतिरिक्त महान रोमांटिक कवि विक्टर ह्यूगो ने बॉदलेयर की कविता को अलग पाते हुए, एक नये रोमांच का एहसास करने वाली कविता कहा था और Les Fleurs du mal को चमचाता सितारा। इससे पता चलता है कि किस तरह बॉदलेयर ने रोमांटिक कविता से आगे आधुनिक कविता का प्रभाव पैदा कर दिया था। इस प्रभाव से जहाँ पॉल वरलेन, रैम्बो, मलार्मे और पॉल वालेरी जैसे प्रतीकवादी प्रभावित हुए, वहीं टी.एस. इलियट, स्विनबर्न और रिल्के जैसे विदेशी कवि भी इस धारा से अछूते नहीं रह सके। इस तरह कड़वाहट भरी वास्तविकता और 'नये प्रतीकों की पहेली' के संयोग ने प्रतीकवादी कविता को नया आयाम ही दे दिया। स्पष्ट रूप से कहा जाये तो पूरे विश्व में, किसी भी रूप में चाहे उनकी कला सम्बन्धी विचारधाराएँ हों या उनकी कविता, इन्होंने अपना प्रभाव अवश्य छोड़ा। अनेक संगीतकारों ने कवि की अनेक प्रेम कविताओं को संगीतबद्ध किया। इससे भी आगे रैम्बो ने कवि को 'कवियों का सिरमौर, एक सच्चा सृजनकर्ता' के रूप में नवाजा। पर सबसे बड़ी श्रद्धांजलि तो बॉदलेयर की मृत्यु के बाद उनकी माँ की थी। जब उन्होंने कहा था कि "मेरे पुत्र ने अपनी सारी कमियों के बावजूद आखिर साहित्य जगत में अपना मुकाम हासिल कर ही लिया।"

अब कुछ बातें इस अनुवाद की पुस्तक के बारे में भी कर ली जायें। यहाँ बॉदलेयर की प्रतिनिधि कविताओं के अतिरिक्त चार छोटे गद्य गीतों का भी अनुवाद किया गया है। विचार और भावनाओं से भरे ये गद्यगीत कवि की पुस्तक Le Spleen de Paris (पेरिस का तिक्त जीवन) से लिए गये हैं। गद्य गीतों की यह पुस्तक कवि की मृत्यु के बाद 1869 में प्रकाशित हुई थी। इनका उद्देश्य आधुनिक शहरी जीवन के सत्य को प्रकाश में लाने का था। बॉदलेयर ने अपनी मृत्यु से पूर्व, सिफलिस के कारण बिगड़ती शारीरिक और मानसिक दशा के बावजूद इन कविताओं पर तन्मयता से कार्य किया था। बॉदलेयर के ये गद्यगीत फ्रांसीसी कवि और पत्रकार

अल्वाजुस बेर्थां (1807-1841) के गद्य में लिखी कविताओं के नूतन प्रयोग से प्रेरित थे, जिसका कवि ने स्वयं उल्लेख किया है। चूँकि कवि के लिए कविता एक कला थी, अतः इनमें समकालीन जीवन की विसंगतियों, लाचारी तथा अनेक दृश्य और चरित्रों का भावपूर्ण भाषा के साथ कलात्मक चित्रण हुआ है। इस तरह से यह पुस्तक जहाँ 'दर्द के फूल' के एक खंड 'पेरिस के दृश्य' का विस्तार है, वहीं अनेक गद्यगीत तो जैसे 'दर्द के फूल' की कविताओं के विस्तृत रूप हैं। 'उसके बालों में बसी मेरी दुनिया' या 'अजनबी' इसके दो मुख्य उदाहरण हैं। कुल मिलाकर कह सकते हैं कि Le Spleen de Paris में धर्म, शैतान, दरिद्रता, सामाजिक-आर्थिक स्तर में असमानता, समय का चक्र, मृत्यु तथा औरत के विविध रूप मौजूद हैं।

कवि की पुस्तक Les Fleurs du mal के अनेक संस्करण हुए थे, जिनमें कुछ कविताएँ निकाली गयीं (जैसे कि प्रथम संस्करण में), तथा हर बार कुछ कविताएँ जोड़ी गयीं। अनुवाद में मैंने भरसक प्रत्येक खंड से प्रतिनिधि कविताओं को लिया है, तथा कुछ अन्य कविताओं को भी पुस्तक में शामिल किया है। लेकिन कविताओं को कवि की पुस्तक की तरह खंडों में विभाजित नहीं किया है। इसके अनेक कारण हैं। जैसे कि कविताओं के खंडों के शीर्षक कविताओं के अर्थ को सीमित करते हैं, जबकि कविताओं के कुछ भाव हर कविता में विद्यमान हैं। इसके अतिरिक्त जहाँ तक सम्भव हो सका, कविताओं को अन्तरंगता के क्रम में रखने का प्रयास किया गया है।

अब अनुवाद के कुछ तकनीकी मुद्दों पर आना प्रासंगिक होगा। इस पुस्तक में शीर्षकों के अनुवाद करते समय, ध्यान में रखा गया है कि कविता अपने शीर्षक की बन्धक न हो। इसके विपरीत कविता से शीर्षक का कथ्य और उसका भाव पुष्ट होना चाहिए। कहने का लब्बो-लुआब यह है कि शीर्षक का अनुवाद कविता के सार के रूप में दिखाई दे। यही वजह है कि Les Fleurs du mal का हिन्दी शीर्षक 'दर्द के फूल' के रूप में किया गया है। कुछ फ्रांसीसी शब्दों के समानार्थी भारत में प्रचलित शब्दों का प्रयोग स्वाभाविक है। जैसे कि बॉदलेयर ने Bac तक शिक्षा प्राप्त की थी। यहाँ अनुवाद में इसे इंटरमीडिएट कहा गया है। यदि भारतीय शिक्षण व्यवस्था से तुलना करें तो Bac+3 से तात्पर्य भारत में तीन वर्ष में पूरी होने वाली स्नातक की डिग्री से है, और फ्रांसीसी Bac+5 भारत में प्रचलित दो वर्षीय मास्टर की डिग्री के समतुल्य है।

और जब हम शब्दों के उच्चारण के बारे में बात करते हैं तो यह स्पष्ट है कि उच्चारण ध्वनि है और ध्वनि को शब्दों में पूरी तरह प्रकट करना लगभग नामुमकिन ही है। फिर उच्चारण व्यक्ति के वंश और भौगोलिक पृष्ठभूमि पर भी निर्भर करता

है। इसी वजह से उत्तरी फ्रांस और दक्षिणी फ्रांस में शब्दों के उच्चारण में विभिन्नता पायी जाती है। यहाँ कविताओं में आये विभिन्न सन्दर्भों में प्रयुक्त शब्दों का फ्रांसीसी उच्चारण ही किया गया है और कोशिश रही है कि वे ध्वनि से मुक्त न हो पायें। लेकिन इसके अपवाद स्वरूप अनेक अंग्रेजी शब्दों के हिन्दी उच्चारण का भी उपयोग किया गया है जो भारतीय जनमानस में उसी रूप में ग्राह्य हैं।

जैसा कि पहले से ही विदित है कि कविता मूर्त और अमूर्त का अप्रस्तुत और प्रस्तुत आख्यान है। यह सामान्य समझ बॉदलेयर की कविता और उनके जीवन पर दृष्टि डालने पर और भी पुष्ट हो जाती है। ऐसी स्थिति में कविता के अनुवाद में वह तो दिखाना ही है जो दिख रहा है लेकिन उसे भी सम्प्रेषित करना आवश्यक है जो अनुभूतियों की गोपनीय व्यवस्था का हिस्सा है। वैसे भी बॉदलेयर की कविताओं को शब्दों और विचारों की पहेली कहा जाता है जिनमें अनेक भाव-बोध खुलते हैं। इसी कारण अनुवाद करते समय अनेक बार ठहरना पड़ा। लेकिन अनुवाद का एक सामान्य नियम है कि कम से कम अनुवाद को शब्दों या संरचना का जस से तस न होकर मूल पाठ में निहित कथ्य का दर्पण होना चाहिए। यहाँ यही कोशिश की गयी है कि मूल पाठ के साथ न्याय हो। भले ही इसके लिए कविता की संरचना के साथ समझौता करना पड़े। या चाहे कविता का अनुवाद में पुनर्लेखन करना हो। यह भी ध्यान रखने की कोशिश की गयी है कि मूल पाठ का ओज कविता के अनुवाद में गायब न हो जाये, जो मूल पाठ को सुनने पर पैदा होता है। इसके लिए कविताओं को पढ़ने के साथ उनको सुनकर भी अनुवाद करने में मदद मिली। यह प्रयत्न भी किया गया है कि कविता में आये प्रतीकों की छवि, भावनाओं के ध्वनिजन्य विस्तार आदि की भी कम क्षति हो। लेकिन क्षति तो होती ही है, यह भी सत्य है। शायद यही अनुवाद और अनुवादक के संस्कार तथा अनुशासन की सीमा है। अन्त में इस विनम्र प्रयास को मैं पाठकों को समर्पित करता हूँ। अनुवादक की सीमा और परिश्रम को ध्यान में रखते हुए यदि पाठक इस पुस्तक से लाभान्वित होते हैं तो यह पुस्तक की सार्थकता का विषय होगा।

**—मदन पाल सिंह**

# अनुक्रम

## परिशिष्ट

# दुश्मन

मेरा यौवन केवल एक तूफानी अन्धड़ ही तो था
जो यहाँ–वहाँ
सूरज की तेज धूप से गुजर कर बिखर गया,
दामिनी का हाहाकार और बारिश का विकट तांडव था!
जीवन की बगीची में आये इस तूफ़ान से
मुश्किल से ही कोई पका फल गिरने से बच सका।

फिर पतझड़ से मेरा सामना हुआ
जिसमें विचार पत्तों की तरह गिर गये
धरती को झाड़ू और फावड़े से साफ़ किया
उसे नया रूप जो देना था,
और मैं खड़ा था अभागे पत्रहीन गाछ की तरह विचारहीन!
धरती पर थे—
बारिश की बूँदों से बने गहरे निशान
ताजी कब्रों की तरह उनका मुँह खुला था!

कौन जाने आशा और विचारों से भरे
मेरे स्वप्नों में अंकुर फूटेंगे,
जिन्हें बारिश से छितरी, धुली धरा के आँचल में बो दूँ,
क्या उन अंकुरों से नये फूल खिलेंगे?
कौन सी रहस्यमय शक्ति उन्हें सींचकर देगी जीवन रस?
कौन जाने कि वे अंकुर फल–फूल बनेंगे!

उफ़! यह दु:ख–दर्द कि जीवन ग्रास काल का
काल एक छिपे दुश्मन की तरह, एक परजीवी
जो हमारे हृदय को कुतर–कुतर
और लहू पर पलकर,
हमें खौफ और कमजोरी से
यूँ भर देता है।

# दुर्भाग्य

सिसिफ![1] यन्त्रणा और उपेक्षा का अभिशप्त बोझ उठाने के लिए
हमें तुम्हारी सहनशक्ति की जरूरत होगी।
और कला में डूबकर लगातार कार्य करने के लिए
तुम्हारे साहस की।
भले ही कला कर्म में हमारे हृदय मग्न हों!
पर कला के अन्तहीन पथ पर
जीवन कुछ ही दूर जाकर तो रुक जाता है।

यहाँ भव्य कब्रों से दूर
भूले-बिसरे कच्चे कब्रगाह की ओर
जैसे मेरा हृदय एक मातम के दुखी ढोल की तरह
अन्तिम विदा के काफिले में घोर बज रहा है।

देखो यहाँ कितने मानसपुत्र दफन हैं
घोर उपेक्षा के कफन से ढके
विस्मृतियों की कब्र में बन्द,
खुदाई और कुदालों से दूर,
उन्हें कौन जानता है?
कोई भी तो नहीं!

यहाँ कितने फूल खिले
दुख में भी अपनी मीठी-सी खुशबू फैलाकर
अकेले-अनजाने-आवारा फूलों की तरह
यादों से भी दूर
गहन एकान्त में समा गये।

---

1. ग्रीक मिथक कथाओं के अनुसार एक राजा जिसे देवताओं ने एक ही शिलाखंड को बार-बार ऊपर ले जाने की सजा दी थी।

# दो पवित्र बहनें

व्यभिचार और मौत दो मोहक बहनों का जोड़ा है
ये भरपूर चुम्बन और स्वस्थ बदन वाली यौवनाएँ
कुँवारी और पवित्र, तन पर चोगा लिए
यूँ अपना गुप्त गर्भ छिपाये रखती हैं,
और इनका शिशु तो कभी जन्मा ही नहीं!

अभागे कवि के लिए परिवार सिर्फ दर्द की विरासत बन गया है
वह तुच्छ धन, टुकड़ों पर पलकर
यूँ नरक का चहेता बन बैठा है।
उसके रास्ते में आते हैं कब्र और वेश्यालय के कुंज
हिचकियों में डूबा बिस्तर
दुःख-दर्द ग्लानि के आँसुओं में, जो कभी रुके नहीं।

कब्र, वासना का बिस्तर जिन्हें इस निन्दा में सजा दिया है
दोनों बारी-बारी से सेवा में तत्पर हैं
जैसे दो प्यारी बहनों का स्पर्श,
एक दे तीखा आनन्द,
दूसरी शान्त मधुरता से भर देती है।

मुझे बता दो, ओ मलिन बाँहों वाली हवस!
कब दफ़न करोगी तुम? मुझे यूँ भोगकर!
तुम कब आओगी मौत? वासना की मोहक प्रतियोगी!

कब उसकी दूषित मेहँदी[1] पर रोपोगी
तुम अपने श्याम सनोवर[2] ?

फ्रांसीसी मूर्तिकार और चित्रकार **ऑगुस्त रोदाँ**
(1840–1917) द्वारा बॉदलेयर की कविता
पुस्तक के लिए बनाया गया रेखांकन।

1. मेहँदी की तरह का औषधीय गुणों से युक्त एक पौधा जिसे फ्रांसीसी भाषा में मिर्थ या मिर्त के नाम से जाना जाता है। यूरोप में इस पौधे की शखों से विवाह के गुलदस्ते भी बनाये जाते हैं। इस पौधे को देवी वीनस और देवराज जुपिटर का प्रिय पौधा माना गया है।
2. सनोवर या सरु के पौधे को मृत्यु और आत्मा की शाश्वतता से जोड़ा जाता है। कब्रिस्तान में या कब्र के आसपास इन पौधों को रोपने की परम्परा है। इसके साथ ही धार्मिक या महान व्यक्तियों के ताबूत बनाने में भी इसका उपयोग किया जाता रहा है।

# दर्द की कीमियागिरी

एक तुझे भावों की खुशबू से भरता है
दूसरा दुःख दर्द, कुदरत की विरासत से
एक के लिए—जिन्दगी कब्र का मंजर
दूसरे के लिए—जिन्दगी एक शान,
खुशबू की तरह।

अनजाने हरमीस[1] ने मेरी सहायता की
और मैं बन बैठा मिदास[2] की कला का सर्जक
पर सर्जक का घाव तो रिसता ही रहता है,
सबसे दुखी
और दुःख-दर्द समाप्त ही नहीं होते!

मैं तेरे द्वारा
स्वर्ण को लोहे में बदल देता हूँ,
और बना देता हूँ स्वर्ग को नरकीय अन्धड़
बादलों के कफ़न में!

मैं खोजता हूँ
एक प्रिय शव
और स्वर्गीय दिव्य क्षितिज पर
बना देता हूँ उसकी विशाल प्रस्तर कब्र!

---

1. प्राचीन ग्रीक देवता जिसे ईश्वर का दूत भी माना जाता है। कविता, आविष्कार और यात्रियों का संरक्षक।
2. प्राचीन ग्रीक मिथक के अनुसार एक राजा जिसे स्वर्ण और धन से अत्यधिक प्रेम होने के कारण, इष्ट देवता से उसे वरदान मिला था कि वह जिस भी वस्तु को छुएगा वही स्वर्ण में परिवर्तित हो जायेगी। यहाँ तक कि खाद्य पदार्थ भी उसके स्पर्श से स्वर्ण में परिवर्तित हो जाते थे। अपनी इसी लिप्सा के कारण उसकी भूख से मृत्यु हुई।

# दिन का अन्त

साँझ की मद्धिम रोशनी के नीचे
त्रस्त कुम्हलाया जीवन डकराता हुआ
व्यर्थ ही इधर-उधर तड़पता है,
और क्षितिज से उतरने वाला आनन्द भी
जैसे जीवन को अपनी बाँहों में लेने के लिए व्याकुल है!

इस तरह छा जाती है सुख देने वाली रात
जो सब कुछ शान्त कर देती है
भूख मिट जाती है
लज्जा और ग्लानि भी नहीं रहती
फिर कवि कहता है—
'तो अब अन्त आ गया है!'

मेरी आत्मा भी थकी हुई, रीढ़ पर झुकी
निद्रा की दासी बन
आराम करना चाहती है
जब मेरा हृदय दुखद स्वप्न और मरीचिका से भरा होता है।

मैं लेटने वाला हूँ
शान्त और स्थिर, नीचे
और खुद को लपेटूँगा तेरे पर्दे में
जो मुझे ताजगी से भर देगा
जब मैं बन जाता हूँ
अंश सुखद छाया का!

# जिप्सियों का कारवाँ

कल, रहस्य से भरे जिप्सियों का कारवाँ
अपनी मंजिल पर निकल पड़ा
गहरी चमकीली आँखों वाले इन देवपुत्रों के काफिले में
बच्चे औरतों की पीठ पर लदे हुए हैं
या वे उन्हें अपनी भारी लटकी हुई छातियों से चिपकाये हैं
इनकी छातियाँ जो हमेशा ही भरी रहती हैं
दूध और ममता से!

मर्द पैदल चल रहे हैं अपने चमकीले हथियारों को थामे
अपनी गाड़ियों के साथ
जिनमें परिजन सिमटकर बैठे हैं।
ये आकाश निहारते अपनी मंजिल तय करने वाले जिप्सी
जिनकी भरी आँखें कुछ खोज रही हों
पर यहाँ मरीचिका का कोई अन्त नहीं
जहाँ खालीपन ही मिलता है!

इस काफिले की आवाज सुन
झींगुर अपनी बिलों से बाहर आकर, काफिला गुजरता देख
इनके स्वागत में गीत गा रहे हैं।
और पृथ्वी ने अपने प्रिय पुत्रों के लिए
हरियाली का आँचल भी दूर तक फैला दिया है!

इनके लिए पत्थरों से बहने लगता है पानी
और बंजर में खिल जाते हैं पुष्प
इस तरह इन पर बिखरता है प्रकृति का अनुराग।
यूँ तय कर रहे हैं अपनी मंजिल
ये अज्ञात अन्धकार के राजा, भविष्यद्रष्टा
एक अनजानी गहरी कालिमा की ओर
जिसका उन्हें पता ही नहीं!

# विध्वंस

शैतान लगातार मेरे चारों ओर भटकता है
जैसे एक अनदेखी-अनजानी हवा
एक सेंधमार की तरह, जिसे मैं निगल लेता हूँ
और मुझे लगता है, श्वास के रूप में मेरे फेफड़ों को जलाकर
वह लिप्सा और दोष का गुब्बार मेरे अन्तर्मन में भर देता है।

कभी-कभी
कला के लिए मेरे गहन प्रेम को जानते हुए
वह भरता है एक मनचली और बहुत आकर्षक औरत का रूप
और एक घिनौने तिलचट्टे की तरह, धोखे और कपट के साथ
मेरे होंठों को गुलाम बनाता है
उस घोर वासना और लिप्सा के ताने-बाने में उलझाकर।

वह अक्सर मुझे ठेल देता है प्रभु की कृपा से दूर,
मैं थका, टूटी-उलझी श्वास लिए
खुद को पाता हूँ मरु-बंजर के बीच
वहाँ केवल गहन ऊब और दुख ही मुझे मिलते हैं।

वह मेरी आँखों पर भ्रम के परदे डाल देता है
जो यहाँ-वहाँ बिखरे चिथड़ों से बने
और ताजे गहरे घाव के रिसते रक्त से सने हैं
जो हैं तमाम खूनी हथियार और विध्वंस से आलूदा!

# पिछला जीवन

मुझे याद आता है मेरे पिछले जीवन का बड़ा हिस्सा—
जो मैंने विशाल आकाश के नीचे बिताया था
जिसे समुद्र में डूबा सूरज हजारों रंग की तपन से भरता था
और जैसे इन किरणों के विशाल सीधे, शानदार पुंज के कारण
साँझ भी बेसाल्ट की चमकदार गुफा-सी लगती थी।

नीचे नभ की छाया लहरों में अठखेली करती
और इन दोनों के मिलन की वेला
दिव्य उदासी से सराबोर!
इस मिलन का भरपूर संगीत और सूर्य उदय का तेज
जैसे मेरी आँखों से झरता था।

यहीं तो मैंने तन और मन का शान्त-दिव्य सुख भोगा
नीले आकाश और लहरों के साथ
बड़ा ही भव्य जीवन जिया
वहाँ चारों ओर नग्न दासों और खुशबू का गहन नशा था।

फिर किसी ने ताड़पत्र से मेरा माथा छूकर, मुझे जगा दिया
और मेरे अन्तर की तड़प गहरा गयी
जिसके छिपे दर्द से इस तरह मुझे
अतृप्त बेचैनी का सिला मिला है!

# रूमानी सूर्यास्त

सुबह सूर्योदय कितना ताजगी भरा और
मोहक होता है
जैसे उसका किरण पुंज हमारा अभिनन्दन कर रहा हो!
वे इंसान भी धन्य हैं जो स्वप्न से भी अधिक
सुन्दर, स्वर्गिक सूर्यास्त को
प्रेम से विदा करते हैं।

मुझे याद आता है...मैंने जो सब कुछ देखा—
फूल, झरने, नाली-परनाले
वे उसकी किरणों के नीचे मूर्च्छित हो रहे हैं
कमजोर हृदय की तरह!...
देर हुई, चलो क्षितिज की ओर तेजी से दौड़ो
कम-से-कम एक तिरछी किरण को मुट्ठी में भरने के लिए।

पर मेरा प्रयत्न तो व्यर्थ ही रहा
प्रभु ने रात का पर्दा खींच दिया और
इस तरह अन्धकार का साम्राज्य चारों ओर पसर गया,
जिसमें थीं कम्पन, पीड़ा, नम स्याह रात!

फिर कब्र की आदिम गन्ध अँधियारी रात में भटकती है
और मेरे दलदल में लिपटे पैर काँपकर सिकुड़ जाते हैं
अजनबी टोड और ठंडे घोंघों के बीच,
जिनके बारे में
मैंने कभी सोचा भी नहीं था!

# सौन्दर्य

ओ इंसान! मैं पत्थर के सपने की तरह सुन्दर हूँ
जहाँ कलाकार अपनी भावनाओं को तराशता है
और मेरी छाती पर बारी-बारी से
हर कोई करता है आघात
और मेरी छाती ही बनी है—
कवि को दिव्य प्रेरणा देने के लिए
और प्रेम देने के लिए भी,
प्रेम जो अनन्त है, अमर है और खामोश
अविनाशी द्रव्य की तरह!

मैं स्फिंक्स[1] की तरह आकाश में आसीन हूँ
जिसे समझा ही नहीं गया।
यह मैं ही हूँ जो हिम की कोमलता और हंस की धवलता
से अपना सौन्दर्य गढ़ता हूँ।
पर साथ ही मैं कठोर हूँ और स्थायी भी
और करता हूँ उस हर गति का विरोध
जो आकार को बिगाड़ देती है।
मेरी आँखों से न कभी आँसू गिरते हैं!
न ही मेरे चेहरे पर कभी मुस्कान खिलती है!

मेरी इस निर्भयता और कठोर छवि के सामने
जिसका उत्स गर्वीले स्मारकों से पाता हूँ,

1. यूनान और मिस्र की मिथक कथाओं में वर्णित एक आकृति जिसका शरीर सिंह का होता है और सिर आदमी का। कभी-कभी इसकी मूर्ति को बड़े पंखों के साथ भी चित्रित किया जाता है। ऐसा समझा जाता था कि जो व्यक्ति इसकी पहेलियों का सही उत्तर नहीं देता था उसे यह दंड स्वरूप मार देता था।

इस छवि से कवि प्रेरणा ले
अपना कठोर कवि-कर्म करेंगे।

क्योंकि, मैं सौन्दर्य!
इन नम्र प्रेमियों को सम्मोहित करने के हित
निर्मल दर्पण रखता हूँ
जिनमें सबकुछ और भी सुन्दर हो जाता है :
मेरी आँखें, मेरी विशाल आँखें
गहन अनन्त ज्योति की छवि लिए!

# संगीत

संगीत अक्सर मुझे सागर की तरह अपने में समेट लेता है
और ले जाता है बहाकर
मेरे सुदूर गुमसुम पीले सितारों की ओर,
धुन्ध भरी छत या दूर तक फैले आकाश के नीचे
जहाँ मैं पाल नौका में सवार हो जाता हूँ।

मेरी तनी हुई छाती और हवा से फूले फेफड़े
जैसे नौका का पाल
मैं आगे बढ़ता हूँ, रुद्र लहरों को नापता
यूँ रात के स्याह परदे से घिरा!

मेरे अन्दर उभरता है
लहरों पर काँपती, छितराती नौका का दर्द-ओ-जुनून
सुखद हवा, तूफान, उसका विकट क्षोभ!

मैं अनन्त समुद्र की भँवर पर
जो कभी मुझे झकझोरती
कभी बिल्कुल शान्त
जैसे उभरता विशाल दर्पण में
मेरी हताशा का अक्स!

# पथप्रदर्शक[1]

वे उज्ज्वल तेज से भरी, पथ दिखाने वाली आँखें
एक परी के ज्ञान और उसकी सुन्दरता की दीप्ति से प्रकाशित।
वे विचरती हैं दिव्य भाइयों के साथ
जो मेरी ही तो दो आँखें हैं
इस तरह वे अपनी चमक से मेरे नयनों को ज्योति और प्रेरणा देती हैं।

ये मेरी पथप्रदर्शक!
जो पाप, प्रपंच और छल के भँवर से बचाकर
सौन्दर्य के पथ पर चलना सिखलाती हैं।
ये नयन मेरे दिव्य रक्षक और मैं इनका एक तुच्छ दास
मैं तो बस इनकी प्रेरणा और ज्योति का आज्ञापालक हूँ।

इन प्यारी आँखों में रहस्य से भरी
ज्योति जला करती है।
भरी दोपहरी में जलने वाले दिये की तरह
सूर्य का तेज भी इस विलक्षण ज्योति को
कभी, कहाँ बुझाता है!

1. अपोलोनी साबातिए एक फ्रांसीसी महिला थी जिसके सौन्दर्य ने अनेक कलाकारों को प्रभावित किया था। मादाम साबातिए के सौन्दर्य में आकण्ठ डूबे बॉदलेयर ने इन्हें अपनी अनेक कविताओं का विषय बनाया।

जिस दौरान दिये मौत पर जलते हैं
तुम उषा के गीत गाते हुए चलती हो
और मेरी आत्मा को जगा देती हो अपने गीतों से।
इस ज्योति की चमक को कोई भी सूरज
कहाँ फीका कर सकता है!

**अपोलोनी साबातिए** (1822–1889)

# गहराई से चीख[1]

मैं केवल तुम्हारा ही प्रेमी
और माँग रहा हूँ, दया की भीख
छितरी-मन्द-उदास दुनिया के कहीं गहरे नरक कुण्ड से
जहाँ मेरा हृदय डूब गया है,
जहाँ रात के दौरान
भय और ईशनिन्दा चीखने लगती हैं।

यहाँ ठण्डा तेजहीन सूर्य छह माह निकलता है
फिर छह माह रात की चादर
पृथ्वी को ढक लेती है।
यहाँ जीवन की ऊष्मा का चिह्न नहीं
ध्रुव से भी कहीं ज्यादा तीखा, मरणासन्न!
कोई पशु-पक्षी नहीं
नदी-नाले, झरना, वन भी नहीं दिखते हैं।

और इससे ज्यादा भय का मंजर कहाँ होता है!!!
जब सूर्य से ताप नहीं
टपके बर्फीली निठुराई,
यह बड़ी रात
गहन अनन्त रात्रि-सी लगती है।

और अन्त में
मुझे उन अधम पशुओं से जलन होती है
जो निद्रा के भँवर में कूद
फिर काल के धागे में बँधकर, धीरे-धीरे
दूर खिंचे चले जाते हैं।

---

1. बाइबिल के एक भजन पर आधारित।

# आदमी और समुद्र

जो आदमी आजाद, हमेशा सागर को प्रेम करेगा
सागर उसका दर्पण, आत्मा की छवि तलाश करेगा,
उन गहरी लहरों में, जो हाहाकार मचातीं
मानव! तेरी आत्मा भी गहन भँवर, जो नपे नहीं।

तुम्हें भाता गोता खाकर अपनी छवि पकड़ना
खुद अपनी भुजा, नयन, हृदय की छवि चूमना,
कभी भूलो खुद वजूद, आवाज पकड़ने खातिर
उन भड़की लहरों में जो चीखें, रुकें ना फिर।

तुम दोनों गहन-गुप्त, काली छाया में घिरे
आदमी की गहराई किसी को कहाँ दिखे!
और सागर! तुम्हारे गर्भ में छिपा खजाना
कहाँ कोई जान सकेगा!
तुम दोनों ईर्ष्यालु
कि कौन अधिक रहस्य छिपा सकेगा।

और इस सबमें, न जाने कितनी सदियाँ गुजर गयीं
इस द्वन्द्व युद्ध में कहीं पछतावा और दया दिखे नहीं,
मौत और नाश के तांडव से, तुम दोनों ही प्रेम करो
तुम लड़ाके जन्म-जन्म के, दयाहीन तुम भाई दो।

# कैद में पंछी[1]

अक्सर नाविक मन बहलाने के लिए
सागर के विशाल पक्षियों को कैद कर लेते हैं,
इस तरह पक्षी हो जाते हैं नाविकों के निष्क्रिय हमराही
फिर गहरे नीले सागर का सीना चीर जहाज आगे बढ़ता जाता है।

अब वे आकाश के शाह बन गये जहाज के बन्दी
और नाविक उन्हें  रख देते हैं जहाज के तख्ते पर
हिकारत से,
उनके बड़े श्वेत पंख ढुलक जाते हैं बेबस
जैसे पतवार उनके दोनों ओर छितर रही हों।

आज उड़ाका तुच्छ चंगुल में फँसा हुआ है
पहले बहुत सुन्दर था,अब बना है भद्दा और हँसी का पात्र,
एक नाविक गरम चुरुट उसकी चोंच के पास लाकर
उसे चिढ़ाता है, सताता है,
दूसरा पंगु का भरता है स्वाँग
और कभी उड़ान भरने वाले पंखों का करता है मखौल।

इसी तरह एक कवि : गहन आकाश का स्वामी!
वह तूफानों का सवार और हँसता है धनुर्धारियों पर
लेकिन जब होता है पृथ्वी पर निर्वासित, भीड़ से घिरा
तो मिलते हैं तंज और लोगों का मखौल,
फिर बन जाता है अपनी बड़ी कल्पनाओ के डैनों का कैदी!
चलने से लाचार
उन कैदी पक्षियों की तरह बेबस!

---

1. कविता का फ्रांसीसी शीर्षक अल्बात्रोस है। यह एक विशाल समुद्री पक्षी है जो अपने विशाल आकार और उड़ान के लिए प्रसिद्ध है।

# एक इकार[1] की शिकायत

हाँ, वेश्याओं के प्रेमी तो तृप्त होते हैं
सुख और आनन्द से भरे हुए,
और मैं!
मेरी तो बाँहें ही टूट गयीं, जब मैंने
बादलों को अपने आलिंगन में भरना चाहा!

और नभ में चमकने वाले
नयनों से मेरी आँखें ही जल गयीं
अब ये मेरी बुझी आँखें समेटे हैं, सिर्फ
सूरज की यादों के चेहरे!
और कुछ भी तो नहीं!

मैंने व्यर्थ ही उड़ने की कोशिश की
कि नभ में खोज लूँ सुरक्षित स्थान
और पा लूँ अपनी मंजिल
पर पता नहीं किन शोले भरी आँखों के नीचे
मेरे पंख ही जल कर बिखर गये!

हुस्न ओ प्यार से जल गयी उनकी चिता,
मुझे वह सम्मान भी नहीं मिल पायेगा
उस रसातल को अपना नाम देने से
जिसमें रहेगा मेरा मृत शरीर, वह मेरी कब्र
मेरे अन्तिम गहनों की तरह, गुमनाम!

---

1. ग्रीक मिथक कथाओं के अनुसार, इकार प्रसिद्ध शिल्पकार दाएदालुस का पुत्र था। उन दोनों ने क्रेत के निर्वासन से भागने की कोशिश की थी। जिसके लिए दाएदालुस ने फर और मोम से पंख तैयार किये थे और अपने पुत्र को निर्देश दिया था कि सूर्य के ताप से बचने के लिए ज्यादा ऊपर ना उड़े और समुद्र से भी उचित दूरी बनाये रखे, जिससे पंख नमी से प्रभावित न हों। लेकिन इकार ने पिता की बात पर ध्यान नहीं दिया। वह मध्य में उड़ने की अपेक्षा ज्यादा ऊपर उड़ने लगा और अपने पंख गला बैठा, जिससे वह समुद्र में गिरकर डूब गया। इस कारण मेडिटेरियन समुद्र के उस भाग को जहाँ वह डूबा था, इकारियन समुद्र का नाम दिया गया है।

## मैं तुम्हें देता गीत-छन्द, ओ मेरा नाम विकल

मैं तुम्हें अपने गीत-छन्द देता हूँ
और सौभाग्य से यदि इस कारण
मेरा नाम समय की हद से दूर निकल जाये
जैसे उत्तरी हवा का देवता[1]
नाव को कर देता है तट से दूर,
तो एक साँझ के लिए भी
मानव का मस्तिष्क, यूँ सपने देख सकेगा।

पर तुम्हारी स्मृति तो
मिथक कथाओं-सी अनिश्चित और अस्थिर है
और अपने छन्दों से पाठकों को उबा देगी
जैसे एक धुनकी वाद्य को थका देती है,
पर एक बन्धन तो बचा ही रहेगा
मेरे गीतों के अवशेष-मधुरता से बचकर।

कौन है अभिशप्त?
चीखे गहन कूप से
आकाश की ऊँचाई तक
पर कोई जवाब नहीं मिलता
सिर्फ मेरे जवाब के सिवा,
और तुम छाया की तरह
क्षणभंगुर बिखरे चिह्न की तरह हो।

---

1. रोमन मिथक कथाओं के अनुसार एक्रीलॉन उत्तरी हवा और शीत का देवता है।

फिर अजीब भीड़ देखती है,
नजरों से भेदकर
संज्ञाहीन मृत, भाव कहाँ समझ पाते हैं!
और मेरी काली आँखों वाली प्रिया[1] भी
काँसे की मूर्ति के रूप में
स्थिर शान्त खड़ी है!

---

1. कवि की प्रेमिका जॉन दूवाल के लिए।

# हमदर्दी भरा भय

ओ व्यभिचारी, आजाद ख़याल मानव बता!
तेरे खाली मस्तिष्क को किन विचारों से भरता है
यह बदरंग अनन्त आकाश
जो तेरी नियति की तरह पीड़ित और सन्तप्त है।

अतृप्त प्यास की लिप्सा
एक त्रास, एक अनजाने अन्धकार की ओर ले जाती है,
और मैं ओविद[1] तो नहीं जो लेटिन स्वर्ग से निर्वासित हो
रिरियाता रहूँगा।

आकाश लहर की तरह टूटकर बिखर जाता है
तुम्हारे अन्दर, और मेरा गर्व आकार लेता है,
इस तरह विशाल गहरे बादलों का जल
बह जाता है लहर बनकर
जो कि मेरे स्वप्नों की अर्थी है।
और तुम्हारी लपलपाती किरण
नरक की चिंगारी की तरह है,
जहाँ बसकर मेरा हृदय खुश रहता है।

1 रोमन महाकवि जिसे निर्वासित कर दिया गया था। उसकी मृत्यु निर्वासन में ही हुई थी।

# समानता

प्रकृति एक सजीव मन्दिर है
जो टिका है फल-फूल, पेड़-पौधों के जीवित खम्भों पर
जिनसे निकलते हैं अनजाने शब्द,
इंसान बिम्बों का जंगल पार कर इन्हें समझता है
अपने अनुभव और अपनी दृष्टि के अनुसार
प्रकृति के पहरे से घिरा।
इस तरह चलता है कुदरत और आदमी के बीच में संवाद!

जैसे प्रतिध्वनि आती है फिर लौटकर
और विलीन हो जाती है गहन अबूझ आलिंगन में
इसी तरह ये बिम्ब कभी रात की तरह गहरे अबूझ
और कभी प्रकाशित दिन से दृश्यमान।
खुशबू, ध्वनि, रंग आदि सब उत्तर देते हैं!

यहाँ खुशबू ताजगी लिए है
जैसे शिशु का कोमल तन
जैसे शहनाई[1] की मधुरता
जैसे घास का हरा-भरा मैदान।
और दूसरी भ्रष्ट विजयी खुशबुओं से भी कलश भरा है।

इस तरह अनगनित चीजों से हम पाते हैं अहसास
जैसे गोंद, बेंजॉइन[2], कस्तूरी और खुशबू
और ये गाते हैं बिम्बों में,
पहुँचा देते हैं भाव-बोध और चेतना को हमारी ओर,
इस तरह इंसान के सामने खुलता है
प्रकृति के बिम्बों का संसार!

---

1. यूरोप में शहनाई के मुकाबले नफीरी का प्रचलन अधिक है, लेकिन भारतीय परिवेश को ध्यान में रखते हुए यहाँ शहनाई शब्द का प्रयोग किया गया है।
2. एक एशियन पौधे के तने से निकलने वाला गोंद, जिसका उपयोग सुगन्ध और ओषधि बनाने में होता है।

## रक्त का फव्वारा

कभी-कभी मुझे लगता है कि मेरा लहू लहरों में बहता है
जैसे सिसकता है फव्वारा लय के साथ
जिससे गिरते हैं बूँद-बूँद आँसू,
मैं रक्त के रिसने की ठीक से आवाज सुनता हूँ, दर्द की सरगोशी!
लेकिन मेरी सारी कोशिश व्यर्थ रहती है
क्योंकि मुझे मेरा घाव ही नहीं दिखता!

और रक्त नगर से पार होकर, घिरे हुए मैदान में उतर जाता है
वहाँ जमता है लहू का थक्का,
फिर जीव-जन्तु, वनस्पति सब प्यास बुझाकर
हो जाते हैं तृप्त
और उनके अन्दर दिखता है मेरा सुर्ख रक्त!

मैंने अक्सर तेज मदिरा से माँगा
एक दिन की निद्रा, उस घातक भय से मुक्ति,
लेकिन उससे तो मेरी चेतना अधिक प्रबल हो गयी
और भय से मुक्ति भी न मिल सकी!

मैंने प्रेम में निद्रा खोजनी चाही, एक ठहराव!
ऐसी नींद जिसमें दुःख-दर्द को भूल जाऊँ
लेकिन मेरे लिए प्रेम केवल काँटों का बिस्तर बना है!
जिसमें इन क्रूर वेश्याओं की हवस की प्यास बुझाने के लिए
मैं देता हूँ अपना रक्त,
और घुलता रहता हूँ।

# उल्लू

काले सदाबहार वृक्ष की शरण में
पंक्तियों में बैठा उल्लुओं का दल
ये सुर्ख डरावनी आँखों वाले देव
अजनबी तपस्वी
जैसे अविचल साधना करते हैं।

वे दिन में शान्त रहें, पंख नहीं खोलेंगे
और समय से पहले अपना स्थान भी नहीं छोड़ेंगे
जब तक सूर्य चमकता
जब तक काली उदास रात सूर्य को नहीं ढक लेगी
उनके पंख नहीं खुलेंगे!

उल्लू देते हैं ज्ञान का एक फलसफा
कि यहाँ इन्तजार
भय, गति, कोलाहल का
चक्र चलता है।

पर मदहोश आदमी
लिप्सा में उलझकर
बनता है दंड का भागी
वह रुके नहीं, शान्त बैठे नहीं
इच्छाओं का दास बनकर भटकता है।

# चुरुट

मैं एक लेखक का चुरुट हूँ
साँवला और गहरा गेहुआँ तपा[1]
मुझे देखने से ही पता लगता है
कि मेरा मालिक चरस–तमाखू का
घना पियक्कड़ है।

जब मेरा मालिक दर्द से भर जाता है
मेरे अन्दर से उठने लगता है धुआँ
जैसे रसोई की चिमनी से,
थके–हारे किसान के लिए
जहाँ खाना बनता है।

कवि की आत्मा मुझसे घुलमिल जाती
वह मेरे साथ खेलती है
और चुरुट में दहकती है नीली ज्योति बन
चुरुट से निकल कर चिंगारी
जैसे बोलती है!

हवा में गायब हो जाता है
दर्द यूँ धुआँ बनकर,
आत्मा को ओज मिलता
दिमागी थकान से छुटकारा
इस तरह मैं एक चुरुट हूँ,
मलहम बनकर!

---

1. मूल कविता में बॉदलेयर ने चुरुट के श्याम रंग को स्पष्ट करने के लिए अफ्रीकन देश का उल्लेख किया है।

# घंटा

घंटा एक कठोर, कपटी, डरावना देवता
जो अपनी उँगली उठा-उठा कर हमें धमकी देता है
कि 'याद रखना!'
फिर दिल में, छा जाती है दर्द की लहर,
पता है कि यह जल्दी ही शिकार करेगा
यूँ डरा-डरा कर!

फिर समा जायेगी खुशी आकाश में
जैसे आकाशपरी की छवि कभी नहीं ठहरती।
और हर क्षण सुख का अंश
समय ही तो खा रहा है
हर ऋतु में,
यूँ गँवाता है आदमी अपनी उम्र!

एक घंटे में छत्तीस सौ बार सुई सिसकती है
कीड़े की तरह—
'याद रखना, मैं जल्दी ही आऊँगी!'
और फिर हम उसकी आवाज सुनते हैं—
'मैंने ही तो अपनी गन्दी सूँड से तेरी उम्र को चूसा है
मैं ही तो हूँ काल!'

याद रख, खबरदार, कुछ सोच!
मेरा धातु का गला है सिद्ध
जो बोलता है हर भाषा,
और प्राण हरने वाला हर पल
नहीं छोड़ेगा तेरे शरीर का अयस्क
जब तक वह सोने को पा नहीं लेगा!

याद रख
समय एक अधीर खिलाड़ी है
जो चालाकी करे बिना हर बार जीतता है
उसका यही दस्तूर है।
और जब दिन ढल जाता है फिर गहरा जाती है रात
याद रख! काल की भँवर हमेशा प्यासी होती है
और जल घड़ी होने लगती है रीती!

काल अचानक यूँ ही सामने आ जायेगा
चाहे मौसम कितना ही सुहावना हो
चाहे मनाना हो दुल्हन के साथ मधुमास,
और फिर केवल बचेगा पछतावा ही :
'उफ! तो आ ही गया जीवन का अन्तिम ठिकाना।'
और सब कहेंगे—'अरे, अब तो शरीर छोड़
कायर बूढ़े, व्यर्थ देर हुई!'

# साँझ का जीवन संगीत[1]

यहाँ आती है साँझ, जहाँ
महकता है हर फूल अपने तने पर धूपदान–सा इठलाकर,
स्वर और खुशबू का जादू साँझ में मिलता है
और जैसे बिखर कर थम जाता है
स्वर और मधुर संगीत का दर्द!

वायलिन की तान काँपती है एक दर्द भरे दिल की तरह,
नभ मोहक पर उदास
विशाल वेदी की तरह ठहरा हुआ है।

सूनी साँझ देखकर, एक भावुक दिल हो जाता है उदास
और अपनी लाली, अपने अन्त में खोकर
सूर्य साँझ में सुर्ख दिखता है।

जो समय गुजर गया, सामने आ जाता है
बनकर तेरी याद जो मुझमें बसी है
और चमकती हैं धार्मिक पवित्र पात्र की तरह।

1. मूल कविता लय के विशेष बन्धन में आबद्ध है, जिसमें कुछ पंक्तियों की बार–बार पुनरावृत्ति होती है। अनुवाद में इस पुनरावृत्ति से बचा गया है।

# नरक नदी[1]

ओ कठोर! निर्मम आत्मा, मेरी छाती से आकर तो लग जा
मेरे बनैले चीते, मेरे आलस में डूबे शैतान,
मैं तो चाहता हूँ कि
मेरी उँगलियाँ तेरे बालों में रेंगकर उन्हें सहलाती रहें
तेरे अयाल में भटककर काँपती रहें।

तेरे लहँगे में आदिम सुगन्ध भरी है
जहाँ तेरी गोद में
तन्हाई और पीड़ा से भरा मेरा सिर छुप जाता है।
और जब मैं श्वास लेता हूँ तो सिर्फ मुरझाये फूलों की खुशबू!
इन फूलों की मधुरता और मेरा प्रेम तो गुजर चुका है!!

अब जीवन से इतर, कहीं दूर, मैं सोना चाहता हूँ
मौत की तरह मधुर, शान्त गहरी नींद के आँचल में
पर उसके बाद भी पछतावे और ग्लानि से दूर
मैं तेरी कोमल ताँबई देह को चुम्बनों से भर दूँगा
जिससे वह खुशबू अपनी आत्मा में फिर भर सकूँ।

मेरे आँसू-रिसते हुए दर्द को सोखने के लिए
तेरे बिस्तर की गर्त से बेहतर कोई आँचल ही नहीं!
और तेरे होंठों के चुम्बनों में
नरक नदी का जल बहता है
जिसे पीकर मैं अपना दर्द भूल जाया करता हूँ।

---

1. नरक नदी 'लेते' जिसे ग्रीक किंवदन्ती के अनुसार नरक की पाँच नदियों में से एक माना गया है। समझा जाता है कि इसका जल पीने से स्मृति का लोप हो जाता है जिससे कष्ट का अहसास नहीं होता।

मेरी नियति में
अब से जो इच्छाएँ, कामनाएँ होंगी
सब स्वीकार कर लूँगा सिर झुका कर
जैसे सब नियत है!
जब जीवन पर ही विराम लग जायेगा।
जैसे एक अबोध को भयंकर सजा मिलती है
जहाँ कोई विकल्प नहीं!
जिसका जोश कष्ट को और बढ़ा देता है।

फिर अपनी जलन-दर्द भूलने के लिए
अपने होंठ उन जहरीले पौधों और कुम्भियों पर रख दूँगा
जिनसे स्मृति और चिन्ता हमेशा के लिए दूर हो जाती हैं।
और इस बार, मैं छाती से हटकर रस पिऊँगा
उन स्तनों से
जहाँ हृदय नहीं धड़का करता है।
फिर गुलामी का भय भी नहीं रहेगा!

# अतृप्त हवस[1]

ओ अद्भुत देवी!
तुम धूसर और मदिरा-सी भारी मादक[2]
इत्र हवाना-कस्तूरी में महक रही हो।
तुम्हें वशीकरण के गुनिया ने क्या खूब रचा है!
शैतान की तमस भरी तुम कठपुतली,
ओ श्यामल तन वाली जादूगरनी!
आधी रात के गहन अँधेरे में जन्मी हो।

भरी रातों में, मुझे चाहिए नशे की तेज खुमारी,
और दूर देश की मोहक मदिरा का सैलाब[3]
तेरे होठों का अमृत, प्रेम जहाँ छितर रहा
जब मेरी कामना का तूफान तुझे झकझोरे
तब तेरे गहरे नयनों से, दर्द की बुझती प्यास।

1. कवि की प्रेमिका जॉन दूवाल के लिए जो कवि के लिए उत्तेजक यौन आकर्षण, तीखे सौन्दर्य और प्रेम का प्रतीक बनी रही।
2. बुरगॉन्य की मदिरा जो बहुत तेजी से नशा करती है। यहाँ कुछ विद्वान कवि की प्रेमिका को प्रथम पंक्ति में श्यामल रंग से जोड़ते हैं, लेकिन अनेक फ्रांसीसी विद्वान कवि की प्रेमिका को उस तेज मदिरा का प्रतीक मानते हैं जो बहुत जल्दी ही अपनी खुमारी की गिरफ्त में ले लेती है।
3. दक्षिणी अफ्रीका के केप टाउन के कॉन्सतान्तिया क्षेत्र में निर्मित मदिरा। यह खास सफेद अंगूरों से बनाई जाती थी। अठारहवीं और उन्नीसवीं शताब्दी में यूरोप इसका भारी मात्रा में आयात करता था। इस मदिरा को कवि अपनी प्रेमिका के रूप में देखता है।

चित्रकार **एदवार मुंश** (1863–1944) द्वारा
बनाया गया मैडोना का चित्र।

तेरे श्यामल बड़े नयन, आत्मा का दर्पण
तन और मन के राग आँखों से झाँक रहे हैं,
ओ कठोर छलना! न यूँ बरसा काम अगन,
मैं नरक नदी नहीं कि नौ बार दबोचूँ बाँहों में[1]
तेरी आग बुझाने को
काम से धू-धू जलता तेरा तन।

और न ही मैं 'सजा' देने वाली नरक आत्मा[2]
कि सतत ताड़ना...साहस छितरा-बिखरा
करती शक्तिहीन, थकाकर रख देती है
फिर तुझे, तेरी सेज के हवस कुण्ड को
जो और भी पातक-घोर बना सकती है।[3]

---

1. नरक में बहने वाली एक नदी 'स्तिक्स' जो नरक से नौ बार होकर गुजरती है। प्राचीन ग्रीक कथाओं में इसका उल्लेख मिलता है।
2. ग्रीक मिथक के अनुसार 'मेज़ेर' दण्डित करने वाली तीन शक्तियों में से एक है जो पापियों या दोषियों को पूरे जीवनभर दण्डित करती रहती है। इसे नफरत की देवी भी कहा जाता है। इसका उल्लेख महाकवि होमर के 'इलियड' और वर्जिल के महाकाव्य 'एनीड' में अनेक बार आता है। बाद में मेज़ेर नाम कलहप्रिय और आक्रामक स्वभाव की लड़कियों का पर्याय ही बन गया।
3. यहाँ मूल कविता में प्रॉसर्पिन का उल्लेख है जो नरक में रहकर, प्रकृति को ही दुखी और मलिन बना देती है। प्रॉसर्पिन, जिसे ग्रीक मिथक कथाओं में प्रॉसेफिन के नाम से भी जाना जाता है। ऐसा कहा जाता है कि वह देव ज्यूपिटर की पुत्री थी, परन्तु उसका पालन-पोषण नरक के देवता प्लूटॉ ने किया था। बाद में प्लूटॉ ने उसे पत्नी के रूप में ग्रहण किया। चूँकि प्लूटॉ ज्यूपिटर का भाई था, अत: उसने अपनी भतीजी को पत्नी के रूप में चुना था। प्रॉसेफिन को ऋतुओं की देवी कहा जाता है। वह जब छह महीने नरक में रहती है तो प्रकृति का सामना शीत ऋतु और पतझड़ से होता है और जब वह अपने पैतृक परिवार के साथ रहती है तब वसंत और ग्रीष्म ऋतु से प्रकृति खिल उठती है।

# बातचीत

तुम पतझड़ का गुलाबी चमकदार आकाश हो!
पर इससे मेरी उदासी का ज्वार तो नहीं रुकता
वह बढ़ता ही रहता है,
और मेरे सूखे होठों पर छोड़ देता है : यादों के चिह्न
स्मृतियों की गाद-कड़वा-तीखा रस : वह लार
जिससे मैं जलता रहता हूँ।

तुम्हारे हाथ व्यर्थ ही मेरी अचेत छाती पर फिसला करते हैं
जैसे सुख और दिलासा खोज रहे हों, प्रिय!
पर यहाँ तो सिर्फ एक ध्वस्त स्थान बचा है!
औरत के नाखून और दाँतों से बना घाव,
मेरे हृदय को खोजने का यत्न व्यर्थ ही है
उसे तो पहले ही दुष्टाओं ने खा लिया है।

एक भीड़भरी सराय बन कर रह गया मेरा हृदय!
जहाँ वे नशे में पस्त होकर हत्या, खून-खराबा करती हैं
एक-दूसरे के बाल खींचकर
एक तुच्छ मलयुद्ध!
जहाँ तुम्हारी नंगी गर्दन और छाती खुशबू से नहाई रहती है...

सौन्दर्य, आत्मा का कठोर और भयंकर अभिशाप है,
तुम यही चाहती हो ना!
अपनी अंगारों सी आँखें लिए जो त्योहार सी जगमगाती हैं
मेरी इस तबाही और दर्द की वेला पर।

तो अब बचे-खुचे शरीर के चिथड़ों को भी
जलाकर भस्म कर दो
जिन्हें दुष्टायें भोगकर
यूँ मेरे लिए छोड़ गयी हैं।

# रूपक ( हवस और मौत के लिए )

एक सुन्दरी जिसकी गर्दन मस्तानी है,
जो अपनी लम्बी जुल्फ छोड़ देती है
यौवन की मदिरा पर बिखरने के लिए।
उसकी चिकनी श्यामल त्वचा पर
प्यार के पंजों की खरोंच और हवस का ज़हर
मद्धिम-मद्धिम फिसला करता है।

वह मौत पर हँसती है और करती है व्यभिचार का उपहास
पर अपनी मलिका का हुक्म बजाने के लिए तत्पर,
लम्बे हाथ और खौफनाक कर्मों वाले ये दोनों शैतान
अपने घोर कर्म से मुक्ति कहाँ देते हैं!
फिर हुस्न और जवानी टूटकर बिखर जाया करती है।

वह देवी की तरह चलती है और सुस्ताती है एक शहजादी की तरह
उसे मोहम्मद में विश्वास है, यौवन का लुत्फ़ उठाने में भी,
उसकी खुली बाँहों के बीच में है मस्त स्तनों का जोड़ा,
और वह अपनी मदभरी आँखों से आदम को फुसलाया करती है।

उसे विश्वास है, और पता है उस एक बंजर विचार का
जो बना है अभी तक दुनिया का दस्तूर :
कि तन की सुन्दरता कुदरत का एक परम उपहार है
जो हर कलंक को धो देता है, जिससे माफ़ी मिल जाती है।

उसे ना नरक का पता है और ना है पाप से मुक्ति का,
और फिर अन्तिम वेला में, मौत जब दस्तक देगी
नजर उठकर वह मौत का मुँह तकेगी,
नफरत और ग्लानि से ऊपर
एक मासूम नवजात शिशु की तरह।

# पिशाच[1]

तुम हो जैसे चाकू का एक वार
मेरे दिल में पेवस्त, देता गहरा घाव
तुम हो जैसे झुंड बड़ा जो रहा विचर
जिसमें दानव, मदिरा, खूनी पागलपन।

मेरी नम्र झुकी तुच्छ आत्मा
बनी तेरा बिस्तर, तुझे रही महका
मैं जिसके साथ जुड़ा, वह वासना की पुतली
मेरे गले में ताबीज, दासता जंजीरों की।

जैसे पागल जुआरी का दाँव खता
जैसे मदिरा में नशा और इंसान घुला,
जैसे शव में कृमि करते कुलबुल
ऐसी तू शापित, पाप में रही घुल।

मैंने तेज खंजर से विनती की—
'मुझे वापस कर दो मेरी आजादी!'
और फिर तीखे ज़हर से मैंने माँगा—
'मुझे मेरी कायरता से दे दो छुटकारा।'

1. कवि की प्रेमिका जॉन दूवाल के लिए।

पर हाय! खंजर और विष ने नफरत से देखा
उनकी आँखों में हिकारत का ज़हर भरा था—
'तू इस काबिल नहीं, कि तुझे मिले आजादी
तू शापित है! करनी तुझे यहीं गुलामी।'

'मूर्ख! यदि इस दुष्टा के पंजे से तुझे बचाते
तुझे देते आजादी, उससे तुझे छुड़ाते
तेरे चुम्बनों से पिशाच फिर जिन्दा हो जाता
और तू इसी लिप्सा के शव पर चुम्बन बरसाता।'[1]

नॉर्वेजियन चित्रकार **एदवार मुंश** (1863-1944) ने यह तैलचित्र एक पोलिश लेखक की पत्नी को ध्यान में रखकर बनाया था। इस चित्र को भावनाओं और आसक्ति की तीव्रता के कारण बॉदलेयर की कविता 'पिशाच' से जोड़कर भी देखा जाता है।

1. समझा जाता है कि बॉदलेयर ने यहाँ दुर्व्यसन को पिशाच की संज्ञा दी थी। जबकि कुछ विद्वान मानते हैं कि एक वेश्या की तीव्र आसक्ति और अपनी अन्तहीन लिप्सा को कवि ने कविता का विषय बनाया था। इस कविता में आये औरत के वर्णन को जॉन दूवाल से जोड़कर देखा जाता है।

# पिशाचिनी के रूप[1]

एक औरत जिसके होंठ शोख, सुर्खी में तपते
दहके अंगारों पर सर्प सी मचल रही है
स्तन तंग चोली में, आजादी के लिए तड़पते
और शब्द, बन कस्तूरी गंध होंठों से फिसल रही है—
'गीले मेरे होंठ, समझ मैं गहरी रखती
कि बिस्तर में, याद पुरानी
और चेतना कैसे मिटती,
मैं मस्त भरे स्तनों पर सुखाती आँसू सारे
तब वृद्धों की मुस्कान खिले जैसे शिशुओं के चेहरे।
जो मुझे देखता नग्न, वस्त्र ना तन पर पर्दा
मैं उसे लगूँ सूर्य, चाँद-सितारे, नभ रुपहला
मेरे प्यारे ज्ञानी मुझे यह खूब पता
कि मैं काम-सुख में रची, हूँ उसकी मलिका।
जब मैं आदमी को अपनी सख्त बाँहों में कसती
या श्वास चढ़े, तपन, छवि बदन पर दाँतों की
मेरे स्तन हों बेहोश, मस्त उत्तेजित होकर
दुर्बल परियाँ लानत देतीं खुद को
मुझसे शर्माकर।'

जब उसने चूस लिया रस, मेरी हड्डियों की मज्जा का
उसकी ओर मुड़कर
मैंने निरीह-सा उसको देखा

1. हवस, प्रेम, जुगुप्सा और मौत पर लिखी इस कविता के दूसरे भाग में कवि हवस का परिणाम दिखाता है। कुछ विद्वानों के अनुसार वह सिफलिस की अपनी रुग्णता को इस परिणाम से जोड़कर देखता है। बॉदलेयर और उसकी प्रेमिका जॉन दूवाल की मृत्यु सिफलिस से हुई थी।

कि उसको चुम्बन दूँ—
प्यार और मिलन की वेला का।
पर हाय! उसका शरीर स्याह मदिरा का मशक!
मवाद, पसीने से भीगा था
यह देख मेरी आँखें भय से बन्द, खुल नहीं सकीं।

फिर सुबह की रोशनी में मैंने उसको देखा
मेरे पास कोई अनुपम सुन्दरी नहीं लेटी थी!
जो मेरे लहू से तर होकर
मोहक लगनी थी!!

**'मारॉ की मौत'**
नॉर्वेजियन चित्रकार एदवार मुंश (1863-1944)
द्वारा बनाया गया तैलचित्र।

खाल मढ़ी हड्डी का सूखा काँपता ढाँचा!
एक दिशा-यन्त्र की तरह[1]
जो खर-खर भेदे सन्नाटा!
या एक तिकोना चिह्न जमा सरिए के ऊपर[2]
जो हवा से टक्कर लेकर काँपे
ठण्डी रातों में थर-थर!

---

1. हवा की गति और दिशा बताने वाला यंत्र जो मुर्गे की आकृति का बना होता है।
2. मार्ग पर लगा Δ संकेत चिह्न। समझा जाता है कि यहाँ कवि का अभिप्राय अपनी प्रेमिका की जाँघों, गुप्त अंग और पेट की जर्जर अवस्था से था।

# भूत

यमदूतों की तरह खूँखार आँखें लिए
मैं तेरी कब्र पर वापस लौटूँगा
और फिसलूँगा तेरी ओर बिना आवाज किए,
रात की कालिमा का कफन ओढ़कर!

फिर तुझे मैं चुम्बन दूँगा, ओ श्यामा!
चन्द्रमा जैसे ठण्डे चुम्बनों की सौगात
दूँगा सर्प का स्पर्श, गहन आलिंगन का नशा,
तेरी कब्र को अपने शरीर से जकड़कर!

जब सुबह का बिखरेगा बदरंग पीला प्रकाश
मुझे वहाँ नहीं पाओगी
मेरा स्थान खाली होगा,
फिर वहाँ साँझ तक शीत का सन्ताप बिखरेगा!

जैसे दूसरे लोग कोमलता से
तेरे यौवन और जीवन पर छा जाते हैं
पर मैं केवल शासन करूँगा भय दिखाकर
जैसे निर्मम, कठोर शूल! एक भय!!

# लहराती नागिन[1]

मुझे भाता है नजरभर तुम्हें देखना
तुम मस्त, थकी-सी, अति सुन्दर, ओ दीवानी
तेरा तन रेशम-सा नर्म गमकता रहता है
त्वचा एक दर्पण, चमके कांचुल-सी।

तेरी गहरी लटों के फैले साये में
एक तीखी नम सुगन्ध का जादू छिटक रहा है
यह दरिया आवारा खुशबू में भीगा
नील-साँवली लहरों-सा भटक रहा है।

जैसे एक नौका होती तैयार
जब सुबह की पवन, उसका बदन पखारे
मेरी आत्मा भी सपनों में भीगी
जाना चाहे दूर वहाँ का स्वप्न देखे।

तेरे नयन शान्त, कुछ कहें नहीं
ना मधुर और जीवन के कड़वे सन्ताप
गुमसुम ठण्डे चमकीले ये दो रतन
यहाँ सोने का लोहे से हुआ मिलाप।

अच्छा लगता है जब तुम लहराकर चलतीं
अल्हड़ चाल, फिर कभी रुको ठिठककर
जैसे कोई नागिन नाचे, खेले
बीन के आगे झूमे वह मस्ती में आकर।[2]

---

1. जॉन दूवाल के लिए।
2. मूल कविता में बीन के स्थान पर लकड़ी या छड़ी का जिक्र है। चूँकि सर्प बीन या लकड़ी को हिलाने पर या उनसे तरंग पैदा करने पर गति करते हैं, अतः सुभीता के लिए यहाँ बीन शब्द का प्रयोग किया गया है।

तेरी मदभरी सुस्ती के नीचे
तेरा बच्चे जैसा सिर भला दिखता है
यह इधर-उधर हिले थका-सा
जैसे गज शावक मद्धिम-मद्धिम चलता है।

तेरा तन मन्थर, रुके कभी सिहरा-सा
जैसे एक छोटी नाव हिचकोले खाती
तट और लहरों को छूकर, खेले
लहरों से टकराकर वह आगे जाती।

**जॉन दूवाल** का बॉदलेयर द्वारा बनाया गया रेखाचित्र।

जैसे एक लहर गहरी उठकर
हिमखण्डों को तोड़, आँचल में लेती है
वैसे तेरे मुँह में लार भरी
हिम से श्वेत दाँतों संग इठलाती है।

मुझे चाहिए यही शराब, भटकी आवारा
यह कड़वी पर आजाद विजेता
और इस पर नहीं पहरा
यह एक तरल आकाश, सितारे झलकाता है
मेरे दिल में यूँ छा कर
उसमें मिल जाता है।

# खूबसूरत निर्दयी छलना के नाम[1]

तेरा चेहरा, निगाहें, ओ अदा तेरी
एक कुदरती सुन्दर छवि की तरह है,
और तेरे चेहरे पर थिरकने वाली मुस्कान
नीले खुले आकाश में शीतल बयार-सी
बहती रहती है।

और तुम गुजरती हो तब—
तुम्हारे यौवन की खुशबू से
स्वास्थ्य की चमक से
गालों पर छाये गुलाबों की तपन से
बाँहों और कन्धों की मांसल चमक से
उदास राहगीरों की आँखें चौंधिया जाती हैं।

चटक रंग, तेरी पोशाक-शृंगार पर बिखर रहा है
कवि का मानस भी इससे कहाँ बच सका!
इठलाते फूलों का नृत्य
उसके मानस पर छा गया है।

तेरे सुन्दर मदभरे परिधान
तेरे रंगीन मानस की छाया लगते हैं
सिलवटों में लिपटे!
तू पगली एक मस्तानी
और मैं तेरे प्यार में डूबा पागल शैदाई

---

1. अपोलोनी साबातिए (1822-1889) के नाम। कवि का इस सुन्दरी के साथ गहरा भावनात्मक सम्बन्ध रहा था। बॉदलेयर का यह आकर्षण एक स्थायी सम्बन्ध में नहीं बदल सका। यद्यपि वह कवि के लिए प्रेरणास्रोत बनी रही।

मैं जितनी नफरत करता हूँ
उतना मुझे प्यार भी तो है!

कभी-कभी, जीवन में बिखरी यादों के उपवन में
जहाँ मैं कमजोरियों के साथ भटका करता था
मुझे लगा कि मेरे साथ अजीब मजाक हुआ!
सूरज ने मेरे दिल, छाती को
चिन्दी-चिन्दी कर फाड़ दिया है।

**अपोलोनी साबातिए** (1822-1889) फ्रांसीसी चित्रकार विंसॉ विदाल (1811-1887) द्वारा बनाया गया पोर्ट्रेट।

फिर वसन्त और हरियाली ने
मेरा हृदय अपमानित किया; मुझे दर्द दिया
मैंने भी दंडित, धिकृत किया
एक पुष्प, कुदरत के दर्द और खिली हुई गुस्ताखी को।

इसी तरह मैं चाहूँगा जब रात खिले गहरी
और तेरे आगोश के लिए मेरे तन–मन से निकले सिसकी।
तब मैं बढ़ूँगा तेरे शरीर की ओर
अपनी आदम भूख लिए
बिना आवाज करे, चुपचाप
एक कायर की तरह!

तेरे मस्त खिले शरीर को दण्ड देने कुचलने की खातिर
स्तन नोचूँ, दाँतों से काटूँ
और नीले दागों से भर दूँ
स्तनों के नीचे बगल के पास की त्वचा में
दूँ ताजा गहरा घाव
जैसे बदले की आग और जुगुप्सा!

फिर दिखे गहन आनन्द और तृप्ति
जो नये खुले होंठों में भटकती है,
चमकीले और दरकते होंठ तेरे होंगे
जब मेरे होंठों के ज़हर से मिल जायेंगे
मेरी प्रेरणा, ओ मेरी सखी!

# बिल्ली[1]

मेरी सुन्दर बिल्ली आ, मेरे शैदाई दिल पर
पंजों के नाखूनों पर भार टिकाकर
मुझे डूबने दे अपनी प्यारी आँखों में
तेरे नयन बने गोमेद और धातु के।

**मारी दोब्रॉ** (1828–1901)
फ्रांसीसी चित्रकार दियोलो द्वारा मारी दोब्रॉ का चित्रांकन।

1. यह कविता बॉदलेयर ने मारी दोब्रॉ पर लिखी थी। इस नीली आँखों वाली अभिनेत्री को बिल्लियों से अत्यधिक प्रेम था। पर इस कविता के लिखने के उद्देश्य को कवि के औरत के प्रति नजरिए और उसके अनुभव से जोड़कर देखा जाता है। कवि के लिए स्त्री रहस्य से भरी, खतरनाक, प्रेम-घृणा के अद्भुत मिश्रण और जुगुप्सा का पर्याय बनी रही।

जब मेरी उँगली फिसलें, तन पर भरमाएँ
तेरे सिर और कमर लचीली को सहलाएँ
फिर मेरा हाथ थिरके मस्ती में गश खाकर
जब तेरा तन लचीला खिंचे, ढीला पड़कर।

फिर दिल में, मेरी प्रिया की छवि उभरती
उसकी नजर तेरी तरह मेरी प्यारी बिल्ली
ठंडी-पैनी-तेज, नजर भेदती गहरी
जैसे दिखती हो एक बरछी तीखी।

और उसके पैर से सिर के दरम्यान
तेज खतरनाक खुशबू का उठता तूफान
उसके बदन से चुए, उसे आगोश में लेता
यूँ श्यामल बदन में खुशबू का नशा गमकता।

# लोभिन प्रियतमा[1]

ओ प्रेरणा, प्यारी सखी मेरी
मुझे पता है, भव्य महल तुझे आकर्षित करते
पर जब जनवरी में शीत का कहर, बर्फीली हवा के झोंके
और ऊबी-सी बोझिल होंगी भारी शामें
फिर क्या होगी आग?
तेरे जामुनी-ठिठुरे पैरों को गर्माने!

क्या तेरे चिकने कन्धों की तपन-चमक वापिस लौटेगी
उन किरणों से जो खिड़की से आतीं छनकर।
और जब खाली होगी जेब, थाली में टुकड़ा नहीं होगा
इस हालत में
फिर क्या आसमान का रूप सलोना तुम्हें दिखेगा?

तुम्हें हर दिन करना होगा श्रम, साँझ की रोटी खातिर
एक ऊबे बच्चे की तरह जो यन्त्र-सा, धूपदान हिलाता है,
जहाँ वन्दना हो, पर भाव न जाए छूकर।

या भूखी नटनी की तरह, हुस्न का बाजार सजातीं
आँसू दर्द की सौगात हँसी में छिपाकर
खुश होती है भीड़, पर दर्द में तुम इठलातीं।

1. बॉदलेयर की इस कविता को 'प्रतीकों की पहेली' के रूप में जाना जाता है। यह कविता पाठकों के मध्य भ्रम पैदा करती है। कुछ पाठकों के अनुसार यह रचना उनकी मूर्त प्रेयसी के लिए है जबकि दूसरे पाठकों के अनुसार यह कविता उनकी अमूर्त प्रेमिका यानी काव्य को सम्बोधित है।

# तस्वीर[1]

बीमारी और मौत अस्थि का कलश भरते हैं :
—उस ज्योति से, जिससे जीवन चमका था
—उन बड़ी प्यारी आँखों से, मधुर एक जीवन बरसा
—उन नरम होठों से, जहाँ मेरा दिल डूबा था
—उन गहरे चुम्बनों से, जो पीड़ा हरते थे
—उस प्यास से, जो किरणों से ज्यादा चमके।

अब बाकी बचा क्या? तेरे पास आत्मा!
बस ये मैले कुचैले अक्स !!
तीन रंगों के चित्र, चित्र के धुँधले चेहरे।[2]

शरीर मरता है जैसे मैं, एकान्त में वीराना
समय बड़ा बलवान, यह अत्याचारी बूढ़ा
अपने कड़े डैनों से छूकर कहता है—
चल मेरे साथ, जहाँ है
तेरा अन्तिम ठिकाना।

समय ओ काल!
जीवन और कला का भीषण हत्यारा
मेरी यादों को कभी नहीं डस सकता
जिनमें बसी मेरी प्रिया
मेरे जीवन का आनन्द!
और गर्व का रंग गहरा।

1. बॉदलेयर की कविता 'प्रेत' का चौथा भाग। जॉन दूवाल के लिए।
2. तीन सत्य—मृत्यु, बीमारी और समय।

# मालाबार की एक औरत के नाम[1]

तेरे नाजुक सुते पैर जैसे हाथ तेरे
तेरे भारी सुडौल नितम्ब, एक गोरी पद्मिनी के दिल में भी,
इच्छा-जलन भरें!
तेरा तन अपने में खोया कलाकार, तेजस्वी और सुन्दर
तेरे बड़े मखमली नयन हैं तन से ज्यादा श्यामल।

नीले खुले तपस भरे देश में
तेरे ईश्वर ने तुझे रचा है
तेरा काम है मालिक का तू चुरुट जला
भरना स्वामी का जार-सुराही शीतल जल से
और बिस्तर से दूर भगाना मच्छर-कीट-पतंगे,
जब वृक्ष की फुनगियों पर सुबह उतरती
तब पेड़-पौधे गाने लगते हैं
और फिर केला, अनानास खरीदने तुम बाजार निकलतीं।

तुम फुदकतीं सारे दिन अपने नंगे पैरों पर
और गातीं गीत मधुर अनजाना भीगा स्वर।
जब साँझ सुर्ख पोशाक पहनकर ढलती
फिर हौले से
तेरी काया चटाई पर पसरती।
मर्मर पक्षी के गीत तेरे सपनों में भरते

---

1. बॉदलेयर के सौतेले पिता ने बॉदलेयर को उसके मानसिक और शारीरिक सुधार के लिए भारत की समुद्री यात्रा पर रवाना किया था। लेकिन कवि रेयूनियों द्वीप पर ही रुक गये। वहाँ के अप्रतिम सौन्दर्य का बॉदलेयर के जीवन और कला पर गहरा प्रभाव पड़ा। यहाँ मालाबार की औरत से तात्पर्य दक्षिण भारत या श्रीलंका मूल की उन साँवली महिलाओं से है जो फ्रांस के अनेक द्वीपों में प्रवासी थीं।

तेरी तरह ही तेरे स्वप्न जैसे तन–मन के मीत
हमेशा रहें महकते।
मेरी बच्ची! तुम खुश यहाँ!
फिर आखिर क्यों चाहती हो?
हमारा फ्रांस देखना
वह आदमियों से भरा देश
दर्द का वहाँ सिसकना।
क्या अपना जीवन नाविकों की सख्त बाँहों में झोंकोगी
फिर क्या, इमली के अपने कुंजों को,
तुम अन्तिम विदा कहोगी?
यहाँ ढीला झीना मलमल तुम्हारे आधे तन पर लिपटा
वहाँ ओले–बर्फ, शीत से तुम्हारा तन काँपेगा
आजादी की खातिर विलाप करेगा मन
और तेरा मस्त यौवन तड़पेगा
जब अंगिया श्वास रोक, तेरा भींचेगा तन।[1]
चुनना होगा अपना भोजन कीचड़ भरी गली में
बिकेगा तेरे अद्‌भुत हुस्न की खुशबू का सैलाब, उफ!
पातक घोर जगह में।
वहाँ तुच्छ धुन्ध में मधुर नयन सपनीले थकते
मरीचिका भटके वहाँ
ताड़ के झुरमुट नहीं दिखते।

---

1. पुराने समय में फ्रांस में महिलाओं द्वारा पहना जाने वाला एक वस्त्र जिससे पेट और छाती सख्ती से भिंची रहती थीं और आधे स्तन ऊपर की ओर निकले रहते थे। आज भी बोहेमियन रूप भरने वाली कुछ स्त्री और लड़कियाँ इसे पहने हुए देखी जा सकती हैं।

# एक क्रियोल औरत के नाम[1]

सूरज की तपन में खिला एक खुशबूभरा अनोखा देश
मुझे पता है कि
वहाँ सुर्ख लाल कोंपलों से भरे वितान के नीचे
और ताड़ की पत्तियों से
आँखों पर आराम और आलस-सा झरता है,
वहीं बिखरता है एक क्रियोल औरत का अनदेखा रूप!
उसकी पीली रंगत तपस भरी है
और आभा गेहुआँ चमक से दपदपाती
उसकी गर्वीली गर्दन में शाही अन्दाज का नशा है!
वह लम्बा सुडौल शरीर लिए
मस्त शिकारी की तरह चलने वाली स्त्री[2]
जिसकी मुस्कान शान्त है, और भरोसा झाँकता है
उसकी बड़ी-बड़ी आँखों से।

तुम्हारा स्वागत है
यदि तुम आना चाहो गरिमामय देश[3] में
सैन नदी के तट पर

1. बॉदलेयर ने सितम्बर 1841 में अपनी यात्रा के दौरान मॉरिशस में मादाम ओतार द ब्रागार (लुई मारी अन्तवानेत) का आतिथ्य ग्रहण किया था। मादाम के पूर्वज यूरोपियन मूल के थे। कवि पर इस यात्रा और मादाम की सुन्दरता का अमिट प्रभाव पड़ा। यह कविता कवि ने मादाम के पति गुस्ताव अदोल्फ ओतार द ब्रागार (1808-1876) के अनुरोध पर लिखी थी।
2. शिकार, चन्द्रमा और जन्म की रोमन देवी डायना जिसे उसके ओज भरे निडर रूप में शिकारी कुत्तों के साथ चित्रित किया जाता है।
3. गरिमामय देश यानी फ्रांस। उस समय मॉरिशस फ्रांस का उपनिवेश था।

या फिर हरा-भरा लवार[1] जहाँ
तुम्हारी अद्भुत सुन्दरता तो महल को खुद ही सजा देगी।

और जब तुम बन्द महलों की छाया में आराम करोगी
तब हजारों भावभरी कविताएँ
कवियों के दिल से फूटेंगी,
जिसमें तुम्हारी बड़ी आँखों का जादू
गोरे लोगों को जकड़ लेगा
और बना लेगा अपना सेवक
तुम्हारे यहाँ के काले दासों की बनिस्बत
ज्यादा मजबूती से।

**मादाम ओतार द ब्रागार** (1817–1857)

1. फ्रांस का एक डिपार्टमेंट जहाँ असंख्य महल और किले हैं।

# एक अनजानी राह के नाम

शोर-शराबे से भरी गली मुझे घेरे चिल्लाई।
लम्बी, पतली और शाही, गहरा दर्द लिए
एक औरत जिसके हाथों में दस्ताने सजते थे
अपना गाउन सँभाले
झालर, गोटे लहराती निकल गयी।

शाही, फुर्तीली, अक्स चिकने पत्थर जैसी जाँघों का
मैं बेचैन हुआ, कोई सीमा ही नहीं जब
उसके नयन उदास आकाश, जिनमें मैंने झाँका
वहाँ मधुरता का आगोश, आनन्द गला रेतता है।

हाँ, एक चमक थी...फिर रात, फिसलती सुन्दरता
उसकी एक झलक से अचानक मेरा पुनर्जन्म हुआ,
और क्या अनन्त काल में
मैं तुम्हें नहीं देख सकूँगा?

शायद कभी नहीं, बहुत देर हुई या अलग कहीं
सुदूर यहाँ से,
पर एक-दूसरे को पता नहीं, अनजाने पथ हमारे
तुमसे कर लिया प्रेम!
है पता तुम्हें!!

# लाल बालों वाली भिखारिन के नाम[1]

लाल बालों वाली
गोरे रंग की कुम्हलाई लड़की
जिसकी पोशाक के तमाम छेदों से
गरीबी झाँकती है
और सुन्दरता भी!

मैं एक कवि दीन आवारा!
तेरी जवान बीमार देह
लाल दागों से भरी है
मुझे भाती है
जो दिखती है मुझे
मधुरता में सनी हुई!

तुम अधिक शान से
विश्वास में भर कर चलती हो
अपने भारी बेढब जूतों को पहन
उस रोमन रानी से ज्यादा
जिसके शाही जूतों के फीते
कसे रहते हैं पिंडलियों तक!

... तुम्हारी प्यासी आँखें[2]
नीचे 29 पैसों का पीछा करती हैं

1. पेरिस की एक छोटी उम्र की गायिका जो गलियों और चौराहों पर गाकर अपना भरण-पोषण करती थी। थ्योदोर द बॉनविल और बॉदलेयर दोनों ही इस लड़की की आवारगी और सौन्दर्य से प्रभावित थे।
2. यहाँ कविता के कुछ अंश ही दिये गये हैं।

पर मेरे लिए तो मुश्किल
माफ़ करना!
भीख भी दे नहीं सकता!

इस तरह से
न कोई आभूषण औ गहना
ना सुगन्ध, मोती या हीरा,
सिर्फ तेरी दुर्बल नग्न काया चलती है
जो भाती है
ओ मेरी खूबसूरती!

फ्रांसीसी चित्रकार **ऐमिली देरुआ** (1820-1846) द्वारा बनाया
गया लाल बालों वाली लड़की का तैलचित्र।
संग्रहालय—लूव्र म्यूजियम, पेरिस।

# यात्रा का आमन्त्रण[1]

मेरी बच्ची, ओ सखी मेरी
उस अद्भुत आनन्द के बारे में तो सोचो
जो हम पर बरसेगा
उस यात्रा में जहाँ हम साथ रहें मस्ती में भरकर
और प्रेम करें जीवन की अन्तिम यात्रा तक
उस सुदूर देश में
जहाँ सौन्दर्य तुम्हारी तरह बिखरा है
जैसे तपता हुआ सूर्य, साथ ही भीगा-सा!
और आकाश में हल्का कोहरा,
मेरी आत्मा भी तो इसी सौन्दर्य के तेज में रंग जाती है
उस गहन रहस्य में भीगी
जिसकी छवि झाँकती है तुम्हारी चंचल आँखों से
जब आँखों में आँसुओं की चमक निखरती है,
इस तरह वहाँ स्वर्ग मिलता है, सहज-सा
समृद्धि, शान्ति, आनन्द भरी तृप्ति
और मोहक सुन्दरता का अभिसार!

वहाँ शानदार फर्नीचर
पुराना, बेशकीमती, शाही
हमारे शयनकक्ष में हमारे लिए सजेगा
नायाब फूलों के गुच्छों से झरती सुगन्ध
मादक गोंद की गहरी खुशबू में मिल
और भी मादकता बिखरायेगी,

---

1. मारी दोब्रॉ को सम्बोधित।

शानदार छत और गहरे तराशे हुए कंगूरे
गहरे और बड़े दर्पण
पूर्व के अद्भुत, भव्य शिल्प और विशाल महल की शान
ये सब धीरे-धीरे अपना हृदय हमारे लिये खोल देंगे
अपनी अनजानी, मधुर भाषा में,
इस तरह वहाँ स्वर्ग मिलता है, सहज-सा
समृद्धि, शान्ति, आनन्द भरी तृप्ति
और मोहक सुन्दरता का अभिसार!

वहाँ नहर पर देखो
जैसे सोयी हुई नौकाओं के झुंड
पर सचमुच ये मस्ती भरी आवारगी करती हैं
और ये यहाँ खड़ी हैं कि यात्रा शुरू हो
तेरी छोटी-सी इच्छा की तृप्ति के लिए
दुनिया के छोर से ये जहाज आते हैं
और फिर जब गिर जाते हैं साँझ के परदे
तब सूरज के गहरे गुलाबी और सुनहले उजाले में
सिमट जाते हैं सब
शहर, खेत, खलिहान, मैदान और नहर भी,
और फिर सुखद प्रकाश के आगोश में
सब निद्रामग्न,
इस तरह वहाँ स्वर्ग मिलता है, सहज-सा
समृद्धि, शान्ति, आनन्द भरी तृप्ति
और मोहक सुन्दरता का अभिसार!

## उस एक चेहरे का वादा

ओ श्यामला, मुझे तेरी झुकी गहरी भँवों से प्रेम है
लगता है जैसे इनसे अँधियारा चूता है और
तेरे गहरे साँवले नयन मेरी सोच को एक नयी
साँस, एक नयी ऊर्जा देते हैं। तेरे नयन
भले ही श्यामल हो पर मेरे विचारों में कोई
मातम या मायूसी नहीं।

तेरी आँखें तेरे काले बालों की हमजोली हैं,
और तेरे केशों का रूप जैसे भरा-पूरा अयाल,
तुम्हारी ठहरी-सी आँखें उदासी से कहती हैं—

'यदि तुम इस मस्त लचीले तन वाली लड़की के
प्रेमी बनते तो उस तपन का पीछा करते जो
हमने तुम्हें दी है।
और तुम पा लोगे सारे दावे और इच्छा
हमारी नाभि से नितम्बों के बीच,
वहाँ हमारे वादे की सच्चाई भी मिल जायेगी।
तुम वहाँ मस्ती भरे मतवाले स्तन पाओगे
जिन पर काँसे के दो विजयी रत्न चमक रहे हों
और चिकने सुते पेट के नीचे कोमल मखमली हिस्सा
जिसका रंग बौद्ध भिक्षु की तरह ताँबई पीला है।
यह मखमली छोटा हिस्सा तेरे सिर के बालों के जंगल जैसा
मुलायम, भरा-पूरा और साँवला
अमावस्या की रात की तरह है
जहाँ चाँद-तारों का कोई पता नहीं!'

# अनोखी सुगन्ध[1]

पतझड़ की गरम साँझ में जब बन्द हो जाती हैं मेरी आँखें
तो मैं श्वास लेता हूँ तेरे गर्म स्तनों की नम खुशबू भरी तपन में
और मैं देखता हूँ सागर की सुखद चमकीली बलखाती लहरें
जो सूरज की किरणों से यूँ खेलकर
उनसे ऊष्मा पाकर चकाचौंध कर रही हैं!

एक अलसाया-सा दीप, कुदरत के उपहार से भरा है
यहाँ हैं अनोखे वृक्ष और मधुर फलों के बाग
यहाँ हैं दुबले पर फुर्तीले, ताकतवर आदमी
यहाँ हैं औरतों की आँखें निर्मल
जिनसे सच्चाई बिखरती रहती है।

तेरी खुशबू से ही मिला है इस मौसम को रंग-रूप,
मैं यहाँ देखता हूँ पाल-मस्तूल और तट पर बिखरी नौकाएँ
और दरिया की इन लहरों से
अभी तक सब कुछ थका हुआ है!

वहाँ इमली के हरे वृक्ष से आने वाली खुशबू,
फैल जाती है हवा में
जो मेरे नथुनों को छूकर, नाविकों के गीत के साथ
मेरी आत्मा में मिल जाया करती है।

---

1 कवि की प्रेमिका जॉन दूवाल के लिए।

# बालकॉनी[1]

तुमसे कितनी यादें जुड़ी हैं
जैसे तुम यादों की ही जननी हो
ऐसी कोई भी तो नहीं थी!
तुम ही तो प्रेमिकाओं की प्रेमिका हो
मेरी सर्वोच्च प्रेयसी!

वह तुम ही तो हो! मेरी दुनिया, खुशी, फर्ज, मेरा करार
तुम्हें याद आयेगी छुअन और वे आलिंगन
वह मधुर प्यारा साथ, उन बीती साँझों की ऊष्मा की मोहकता।

कोयले की तपस से कितनी साँझों का रूप चमका था
और साँझ के दौरान, चौबारे में गुलाबी आभा बिखर रही थी
मुझे तुम्हारी छाती भीनी लगी, हृदय कितना मधुर और प्रेमल था!
एक दूजे में खोकर प्रेम के ताने से
हमने अमर प्रेम की कसम और वादों का जाल बुना था।

गरम साझों में सूर्य कितना प्यारा लगता है
और गहरा नीला आकाश हृदय में भरता है ओज
तेरी ओर झुकते हुए, ओ प्रेम की मलिका!
मुझे लगा कि तेरे रक्त की खुशबू को
मैंने अपने श्वासों में महसूस किया था।

फिर साँझ गहरा गयी और छा गया अँधियारा
जैसे खिंच गयी हो अँधेरे की दीवार,
फिर भी उस तिमिर में
मेरी आँखें बन जाती थीं तुम्हारा स्पर्श और तुम्हारी पुतलियाँ,

1. कवि की प्रेमिका जॉन दूवाल के नाम। मूल कविता लय की विशेष योजना में आबद्ध है जिसमें कुछ पंक्तियों की बार-बार आवृत्ति होती है। अनुवाद में इस पुनरावृत्ति से बचा गया है।

फिर मैं तुम्हारी श्वासों का मधुर रस-गरल पिया करता था
और तुम्हारे पैर मेरे स्नेह भरे हाथों में ढलकर
सो जाया करते थे।

मुझे पता हैं
कैसे बीती खुशियाँ ताजा की जाती हैं
और उन्हें फिर जिया जाता है,
तेरे घुटनों पर और गोद में सिर रखकर
हाँ, मुझे याद आता है मेरा जीवन कैसे बीता,
अब मैं तेरी थमी सी खूबसूरती किसमें खोजूँ?
ऐसा मधुर तन-मन मुझे किसके पास मिलेगा?
यह तो आखिर यूँ ही जीवन का व्यर्थ यत्न है।

ये वादे, खुशबू, चुम्बन ओ स्पर्श अमर!
क्या अबूझ काल से वापस आ पायेंगे?
क्या चमकेंगे सूरज की तरह नवजीवन लेकर?
जैसे सूर्य सागर में डूब
सुबह फिर हँसकर उठता है।

फ्रांसीसी चित्रकार **एदुआर माने** (1832-1883) द्वारा बनाया गया
जॉन दूवाल का तैलचित्र।

## मैं जैसे एक सुल्तान पुरानी दलदल का ( विषाद )

मैं जैसे एक सुलतान पुरानी दलदल का
धनवान पर शक्तिहीन, जवानी में बूढ़ा,
दरबारी-ज्ञानियों की हरकत
असर एक तुच्छ-बेगाना
चापलूसों से नफरत, बुरा लगे सिर झुकाना।

अपने कुत्तों-जानवरों से ऊबा, बनी एक लाचारी
उसे न भाये शिकार, बाज का करतब भारी।
कोई फर्क पड़े नहीं यदि द्वार से उसकी जनता का उठे जनाजा
ना दरबारी नक्काल खुशी दे जो धूम मचाये
वह भी इस क्रूर बीमारी की दवा खोज नहीं पाता।
उसके फूलों का बिस्तर मलिन कब्र बना
जिस पर लेखा-जोखा कर्म के नासूरों का।
और दासी उसे घेरे मचातीं हरदम भगदड़
सब राजकुमार दासियों को अक्सर लगते सुन्दर
पर यहाँ सब व्यर्थ, कंकाल हँसा नहीं
वस्त्र-प्रसाधन-नंगापन कुछ जँचा नहीं।
और जमें कीमियागर[1], रखते पारस पथरी
इन्हें सोना और अमृत बनाने में महारथ थी
पर ये ज्ञानी भी असफल, हर युक्ति का इस्तेमाल किया
कि सही जीवन जियें कभी मुस्कराएँ जरा!

---

1. कीमियागर, जिनके बारे में मशहूर है कि वे लोहे जैसी धातु को किसी रासायनिक प्रक्रिया द्वारा स्वर्ण में बदल देते हैं और अमृत की खोज में लगे रहते हैं।

और 'रक्त-स्नान' एक कर्म रोमनों की सम्पत्ति[1]
उनके पुराने दिनों की याद, शक्ति को करती ताजा
पर इससे भी, शव में चेतना जग नहीं सकी
क्योंकि रक्त नहीं मुर्दे में
बहती थी हरी नरक नदी।[2]

1. आत्महत्या करने का एक तरीका। यह प्राचीन रोम में काफी प्रचलित था। जिसमें नस काटकर आदमी टब में बैठ जाता था और धीरे-धीरे उसे मौत अपने आलिंगन में ले लेती थी। इस आत्महत्या का प्रसिद्ध उदाहरण क्रूर रोमन सम्राट नीरो के शासनकाल में मिलता है। जब प्रसिद्ध विद्वान और नीरो के सलाहकार सेनेका (4 बीसी - 65 एडी) को नीरो की हत्या के असफल षड्यन्त्र में दोषी करार दिया गया। हालाँकि समझा जाता है कि सेनेका उस षड्यन्त्र में शामिल नहीं था। बहरहाल नीरो ने सेनेका को आत्महत्या करने का आदेश दिया। सेनेका ने अपनी नस काटकर टब में बैठ आत्महत्या का प्रयास किया और उसकी पत्नी ने भी उसका अनुसरण किया। लेकिन धीमे रक्त प्रवाह के कारण सेनेका नहीं मर सका। फिर उसे जहर दिया गया, लेकिन इससे भी सेनेका को जल्दी मौत न आ सकी। अन्त में सेनेका ने अपने आपको गर्म पानी से भरे टब के हवाले कर दिया जिससे उसका रक्त जल्दी बहकर उसकी तड़प को शान्त कर दे। इस तरह महान सेनेका का अन्त हुआ। लेकिन उसकी पत्नी को नीरो ने बचा लिया।
2. नरक नदी 'लेते'। जिसे ग्रीक किंवदन्ती के अनुसार नरक की पाँच नदियों में से एक माना गया है। समझा जाता है कि इसका जल पीने से स्मृति का लोप हो जाता है जिससे कष्ट का अहसास नहीं होता।

## कितनी यादें बिखरीं, नहीं कोई गिनती ( विषाद )

कितनी यादें बिखरीं कोई गिनती ही नहीं
जैसे जीवन जिया हजारों साल
उससे भी ज्यादा यादों की पोटली भरी है!
एक बड़ी अलमारी, दराजें भरी हैं ठसकर
प्रेम-पत्र, धुन, गीत, तकाजे, पेशी के परवाने
पावतियों से भारी जुल्फें लिपटीं
ये जिन्दगी के चिट्ठों से ठसी और जर्जर हैं!
पर ये ज्यादा राज-रहस्य नहीं छिपाती
इनसे ज्यादा रहस्य और यादें
मेरे दुखी मानस में छिपी हैं,
मेरी चेतना एक पिरामिड है, एक बड़ा ताबूत
हाँ, एक आम कब्रिस्तान से भी ज्यादा
जिसमें दफन हैं यादों के शव!
और मैं हूँ एक स्याह कब्रिस्तान
नफरत का सताया हुआ, बेजार
जिसे चाँदनी ने त्याग दिया है,
वहाँ लम्बे कृमि पछतावे की तरह रेंगते हैं
जो करते हैं मेरे प्रिय शरीर को भ्रष्ट और गन्दा
और देते हैं दुःख
जो व्यथा से तड़पता रहता है।
मैं एक वीराना श्रृंगार कक्ष हूँ
जहाँ बासी गुलाब कुम्हलाये छितर रहे है
पुराने फैशन की पोशाक, रंग-प्रसाधन
वे चित्र धूमिल घिसे छितरे पड़े हैं[1],

---

1. फ्रांसीसी चित्रकार फ्रांस्वा बूशे (1703-1770) द्वारा हलके रंगों से बनाये गये औरत और पुरुषों के आकर्षक नग्न चित्र जिनमें प्रेम की कोमलता और इन्द्रियबोध उभरकर सामने आता है।

केवल ये ही सूँघ रहे हैं
इत्र की खुली बोतल से खुशबू को
जो दम तोड़ती बिखर रही है।

नीरस दिनों से भारी कुछ भी तो नहीं होता
जब बर्फ का झंझावत चलता है सालों साल,
एक ऊब-मायूसी, पीड़ा अनिच्छा से निकलती है
कहीं कुछ बुझा-सा, निराशा नहीं मिटती
खड़ी हो जाती है अविचल अमरता की तरह!

ओ मानव! श्वास पथ भूल गयीं
पत्थर का बुत, क्रूर भय से घिरा :
अँधेरे मरु सहारा में खोया स्फिंक्स
दुनिया भूल गयी, न दर्द विरह
नक्शे पर चिह्न कहीं नहीं
बस गीत रहे किरणों में
जो अस्त होकर गुजर गयीं।

# खुद पर जल्लाद

(J.G.F. के नाम)[1]
मैं तुम्हें बिना नफरत और क्रोध के पीटूँगा
—जैसे कसाई बिना कुछ सोचे जिबह कर देता है
—जैसे फफूद चट्टान को नोच-नोच कर खा जाती है!

और भरूँगा तुम्हारी पलकों को आँसुओं की धारा से
तड़पकर निकलेंगे आँसू और तमाम दर्द
मेरे प्यासे-बंजर, मरु सहारा को सींचने के लिए!

तेरे आँसुओं के सैलाब पर तैरेगी
मेरी आशा और लिप्सा भरी प्यास
जैसे दरिया में जहाज फिसलता है।

मेरे हृदय में उतरेगी,
तेरी सिसकी और तेरे प्रिय आँसुओं की धारा,
दर्द में डूबी-बिखरी
जैसे बजता हो कोई तम्बूरा घनघोर!

क्या मैं एक टूटा और बिखरा स्वर नहीं हूँ?
जो बिछुड़ गया है कुदरत के शासन और उसकी धुन से
मेरी लिप्सा की विडम्बना के कारण
जो डस लेती है मुझे खौफ से भरकर।

1. ऐसा अनुमान लगाया जाता है कि कवि ने यह कविता एक मनोरोग चिकित्सक जूल्स गाब्रिएल फ्रांस्वा को सम्बोधित की थी।

मेरी वाणी में बसी है वह कर्कशा
और बन गया है मेरा लहू काला ज़हर,
मैं एक गहरा मनहूस दर्पण हूँ
जिसमें देखती है दंडित करने वाली दुष्टा
अपना ज़हरीला अक्स![1]

मैं ही जख्म हूँ और मैं ही हूँ एक घातक खंजर!
मैं हूँ  पिटे गलों का पातक और तमाचा भी!
मैं ही हूँ कुचले अंग और मौत का चक्का![2]
मैं ही पीड़ित हूँ और खुद पर जल्लाद भी!

मैं अपने दिल और दुनिया का पिशाच हूँ
एक दुखद यतीम आवारा श्राप,
मैं हँसने को दंडित-शापित
पर दिल कभी खिला ही नहीं
क्योंकि मुझे पता ही नहीं कि
मुस्कान कैसे मिला करती है!

---

1. दंड देने वाली तीन देवियों में से एक।
2. पुराने समय में फ्रांस में पहिये से बाँधकर और कुचलकर सजा देने का तरीका भी प्रचलन में था। इस दर्द भरी निर्मम सजा में पीड़ित को लम्बे समय तक मौत का इन्तजार करना पड़ता था। इस तरह की सजाएँ सार्वजनिक होती थीं।

# मुझे अच्छा लगता है गुजरना यादों से

मुझे अच्छा लगता है गुजरना उन यादों से
जो उस खुले बीते काल को फिर सामने लातीं
जब अपोलो की सृष्टि से कान्ति झरती थी
नर-नारी थे स्वस्थ, तेज-फुर्तीले
पीते प्रेम का रस
फरेब ना चिन्ता थी।

कुदरत का प्रेम उनपर बिखर रहा था
स्वास्थ्य अच्छा था और बदन गठीला
फल-फूल से पृथ्वी का भरा आँचल
अपने बच्चों के लिए यह ममता
इसे प्रेम कहेंगे, यह कोई भार नहीं था
उस भेड़िया माँ की तरह
जिसकी छाती में दया और ममता बसती थी
और स्तनों में भी दूध की कमी नहीं थी।

शक्तिशाली सुन्दर गबरू था इंसान
हुस्न, दिलेरी, तन्दुरुस्ती का नायक
उसे गर्व करने का हक था
जिसे सुन्दरियाँ चुनतीं अपना प्रेम महान,
इस तरह मानव
भरे-पूरे शानदार फलों को चखता था
जो होते मधुर-पवित्र
वहाँ होंठ रखता था।

और आज जब कवि
उस पुराने गुजरे काल से तुलना करता है—
अब लगता दृश्य नग्न, घिनौना, दर्द से भीगा
अब पहले जैसा ओज उभरता नहीं
तब वस्त्रहीन भी सुन्दर होते थे

नग्न खुले समाज में दर्शन सुन्दरता का।
आज अजीब वस्त्रों का संसार बिखरा है
जैसे कुरूपता छिपाने का साधन
उनके बीच शरीर मलिन
गन्दा-जर्जर-चिथड़ा है।
तब नग्न बच्चे बाँहों में सजते थे
और छाती से चिपके एक उम्र तक
आलिंगन और बाँहों में
अपना तन ढकते थे।

और औरत तुम थकी-मलिन, लिए पीलापन
जैसे लौ बुझती है
व्यभिचार तुम्हें डसता, खाता कुतर-कुतर,
और कुँवारी माँ बन कर रह गयी हो
बच्चों को जन्म देना नियति, अभिशप्त
सिर्फ उर्वर जमीन बनकर बह गयी हो।

सच है आज हमारा वंश-समाज भ्रष्ट बना है
उन पुराने लोगों की
सुन्दरता को पता नहीं था—
कि जब दर्द का गहरा घाव, चेहरे को लग जाता है
ओजहीन खूबसूरती को
घुन नोच-नोच कर खा जाता है।

इन पुरातन सुन्दरियों के ये आविष्कार
हमारी बीमार पीढ़ियों को
व्यभिचार करने से कभी नहीं रोक पायेंगे
इस तरह युवा अपनी पवित्रता के साथ
पायेंगे श्रद्धांजलि,
पवित्र युवा उम्र, सादा भली निगाह
चौड़ा चमकीला मस्तक
स्वच्छ आँखें जैसे बहता जलप्रवाह,
कुदरत का नीला छाता छाया ऊपर इनके
पंछी और फूल
उनकी सुगन्ध, गीत और मधुर तपन कहाँ रहेंगे!

# मदिरा की आत्मा

एक साँझ—
मदिरा की आत्मा बोतल में गीत गाती थी :
'मैं बोतल की कैद में हूँ
और सुर्ख-कार्क से छिनी आजादी,
फिर भी तुझे देती गीत प्रेम भाव से भरे
मैं तेरे लिए गाती हूँ
ओ बेदखल इंसान मेरे!

मैं जानती हूँ खेत में तेरी मेहनत, दर्द और पसीना
तू मेरे लिए श्रम करता जब सूर्य का ताप घना,
देने मुझे जिन्दगी और नयी आत्मा
मैं तेरा हित चाहती और दूँगी अपना सिर झुका।

क्योंकि एक आनन्द मेरे अन्दर पिघलता
थके आदमी के गले से जब मेरा घूँट फिसलता,
उसकी गर्म छाती सुखद कब्र मेरे लिए
मैं ठण्डे गोदाम से बेहतर रहूँ
जब जाम दिल के पास उतरता है गले से।

क्या तुम सुनते धुन-ओ-मस्ती रविवार की
जब मेरी धड़कती छाती में आशा मचलती?
फिर आस्तीन ऊपर चढ़ा, मेज पर कोहनी रखकर
मुझे तुम गौरव दोगे
और तुम भी होगे तृप्त
मुझे होंठों से लगाकर।

मैं तेरी सुखी प्रिया की आँखों को चमका दूँगी
मैं तेरे पुत्र को, तेज और शक्ति वापस दूँगी
मैं दूँगी दिव्य प्रेरणा शक्ति जो जीवन का कमजोर धावक
इससे पुट्ठे–पेशी कसें
और संघर्ष में यूँ हार माने ना नाहक।

मैं तुझ पर गिर जाऊँ बन कर अमरफल
यूँ दिव्य शक्ति द्वारा प्रेम गया बिखर,
फिर हमारे प्रेम का फल आये कविता के रूप में
जो प्रभु की ओर खिलेगा जैसे कोई पुष्प दुर्लभ!'

# प्रेमियों की मदिरा

आज आकाश मोहक नीला और खुला है।
कोई पाबन्दी भी नहीं। ना ऐड़ है ना मुखरी-बेड़ी
और न ही लगाम।
चलो कहीं दूर चलें मस्ती में, मदिरा पर सवार होकर।
कहीं दूर बहुत दूर दिव्य लोक में!

यन्त्रणा से त्रस्त दो परियों की तरह। दुखद मरीचिका
और कड़ी तपन से आहत।
चलो दोनों नीले सुप्रभात में
उस छाया का पीछा करें जो सुदूर
दिखाई देती है, एक मरीचिका की तरह!

हम दोनों ज्ञान के अबूझ भँवर और उसके डैनों पर सवार
सन्तुलन साधे चले जा रहे हैं
एक ही जैसे परमानन्द में भीगे!

मेरी प्रेरणा, ओ मेरी सखी!
हम दोनों साथ-साथ उड़ते हुए कहीं नहीं रुकेंगे।
नहीं, कहीं नहीं।
बस उड़ते रहेंगे
मेरे स्वप्नों के स्वर्ग की ओर!

# कलाकारों की मौत

कितनी बार अपनी घण्टियों और घुँघरुओं को बजाऊँ
और तेरा झुका माथा चूमूँ?
ओ उदास विदूषक, ओ कलाकार!
कुदरत और कला का मर्म भेदने के लिए आखिर
कितनी बर्छियाँ यूँ ही गुम हो जायेंगी
मेरे तरकश, मुझे यह तो बता दे?

कला के गूढ़ रहस्य को समझने में, उसे सिद्ध करने में
हमारी आत्मा चुक जायेगी। कला के लिए न जाने
कितने ढाँचे बनेंगे और असन्तुष्ट हो वे भग्न
कर दिये जायेंगे। कला की महानता और नियति से
पहले ही, उसे सम्पूर्ण रूप में देखने से पहले ही।
यह क्रूर नरकीय इच्छा तो बार-बार दुख और आँसुओं
से भर देती है!

बहुत से लोग उस दिव्य सर्जक और कलाकार की नियति
नहीं जानते, इस तरह अभिशप्त, हया से क्लान्त मूर्तियाँ
क्षत-विक्षत हो बिखर जाती हैं। चेतना से भरा भग्न
मस्तिष्क और भावना से भरा वक्षस्थल, इसके अलावा
तमाम शरीर भी भग्न!

और फिर केवल एक आशा दिखती है—वह अजीब, काली
छाया से घिरा घर। और यह मृत्यु ही तो है
जिसमें कलाकार की चेतना, उसका मानस नये सूर्य की तरह,
नये पुष्प जैसे खिल जायेगा,
एक नूतन रूप में!

# प्रेमियों की मौत

हम प्रेमियों का बिस्तर भीनी-भीनी सुगन्ध भरा होगा
और हमारी सेज गहरी और विशाल
कब्र के दिव्य घेरे की तरह,
ताक पर होंगे अनजाने फूल
इस असीम सुन्दर स्वर्ग के नीचे
हमारे लिए।

मशाल की अन्तिम लपलपाती ज्योति
दो हृदय जैसे दो विशाल मशाल जलती हैं
और हमारी चेतना में मिलकर
वे जुड़वाँ बनकर चमकेंगी।

एक साँझ की मधुर वेला
जो गुलाबी और गुप्त दिव्य नीला प्रकाश बिखेरती है,
फिर प्रकाश एक-दूसरे में समाकर एकरूप हो जायेगा
और छूकर गुजर जायेगा
विदा की अन्तिम सिसकी की तरह।

उसके बाद एक परी सारे द्वार खोल देती है
नया जीवन देने के लिए
विश्वास और खुशी का एक नया संसार जन्म लेता है,
फिर चमकने लगते हैं मैले दर्पण और
फिर से जलने लगती हैं बुझी मशाल।

# गरीबों की मृत्यु

मृत्यु — हमें सान्त्वना देती है, उफ! इसी से हम जीते भी हैं
यह जीवन का उद्देश्य है और आशा की किरण भी
मृत्यु अमृत है जो हमें मस्ती भरे साहस से भर देती है
फिर हम सुदूर साँझ तक चलते रहते हैं।

मृत्यु — एक ज्योति है जो आँधी तूफानों के दौर, बर्फ के झंझावात में भी
हमारे अन्धकार भरे पथ को उजाले से भर देती है।
एक सराय जिसे हम धार्मिक ग्रन्थों के पन्नों पर दर्ज पाते हैं
यहाँ हम उठ-बैठ सकते हैं और खा-पीकर सो सकेंगे।

मृत्यु — एक स्वर्गदूत है जिसके चुम्बकीय हाथ थामे हैं
नींद का दुलार और मधुर मतवाले स्वप्न का आकर्षण।
यह गरीब-नग्न-विपन्न लोगों की शैया है
जहाँ वे चैन के आगोश में सो जाते हैं।

मृत्यु — ईश्वर की महिमा है, एक अद्भुत अन्न का भंडार
यह गरीब का खजाना है और उसका पैतृक घर भी।
यह एक अनोखी खुली खिड़की है
अनजाने सुदूर आकाश पर!

# अबेल और केन[1]

**प्रथम**

अबेल की सन्तान खाती-पीती और करें ऐश-ओ-आराम
और ईश्वर उनसे खुश, चेहरे पर मुस्कान लिए।

केन की सन्तान दीनता की कीचड़ में फँसती हैं
इसी दलदल में मर जाती हैं, दरिद्रता से लथपथ होकर।

अबेल के वंश ओ तेरा बलिदान
महान दिव्य ज्योति का स्थान पा गया है!

केन की सन्तति तुझे जो दंड मिला
कभी खत्म नहीं, क्या यूँ ही चलेगा?

अबेल के पुत्र तेरी पकी फसल और खलिहान भरा-पूरा
पशुओं का रेवड़ फले, समृद्धि बरसती है।

केन की सन्तान तेरा तो उदर रहा खाली प्याला
हमेशा विपन्न, एक कुकुर वृद्ध तकता भूखा-सा।

---

1. धार्मिक ग्रन्थों में आदम और हव्वा के इन दो पुत्रों का वर्णन आता है। अबेल छोटा था और केन बड़ा। जहाँ अबेल ने चरवाहे का पेशा चुना वहीं केन ने एक किसान के रूप में अपनी आजीविका शुरू की। अबेल की हत्या उसके बड़े भाई द्वारा की गयी। जिसके पीछे केन की ईर्ष्या थी। कहा जाता है कि दोनों भाइयों ने ईश्वर को अपनी हैसियत और पेशे के अनुसार भेंट दी थी। अबेल ने फल-फूल दिये और केन ने भेड़। ईश्वर को अबेल की दी हुई भेंट पसन्द आयी और उसने केन की उपेक्षा की। इससे केन को क्षोभ और ईर्ष्या हुई जो अबेल की मृत्यु का कारण बनी। इस तरह से अबेल पृथ्वी का प्रथम मानव था जिसकी हत्या की गयी।

अबेल की सन्तान तेरा उदर भरा और तृप्त
पितरों का आवास, वहाँ भोजन मिलता है।

केन की सन्तान तेरा ठंडा आवास
जिसमें काँपते हो जर्जर थके भेड़िए की तरह!

अबेल की सन्तान धनधान्य से पूर्ण, सन्तति में वृद्धि
हर पीढ़ी में प्रेम और सन्तुष्टि मिलती है।

केन की सन्तान इच्छा में डूबी
घातक प्यासी लिप्सा में झुलसी जाती है।

अबेल की सन्तति खाए-पिए और वंशवृद्धि करती हैं
जैसे जंगल में कीट-पतंगे पैदा होकर बिखर रहे हों।

केन का वंश यूँ भटकता फिरता है
यहाँ-वहाँ रहा छितर, नाश से नहीं बचा है।

**द्वितीय**

ओ अबेल की सन्तान तेरा शव
धरती उपजाऊ करे, नहीं छोड़ेगा बंजर।

केन की सन्तान तुम्हें जो काम मिला
नष्ट-भ्रष्ट हुआ, कहाँ पूरा हुआ!

अबेल की सन्तान, हाय तेरा हतभाग्य
हल गया हार, यूँ तलवार बनी विजेता![1]

---

1. इस कविता में बॉदलेयर ने इसी शैतानियत भरे मिथक को विस्तार दिया है। जहाँ अबेल की हत्या के बाद भी केन जैसे सन्तुष्ट नहीं होता और उसकी सन्तति ईश्वर की सत्ता पर भी विजय पाती है। यानी शैतानियत उच्चता पर हावी हो जाती है। जहाँ हल यानी श्रम एक खूनी तलवार से हार जाता है।

केन की सन्तान गगन में चढ़ती हैं
प्रभु को धक्का दे, गिरा दिया धरा पर!

केन द्वारा अबेल का वध
चित्रकार **पियर पॉल रूबॉ** (1577–1640)
द्वारा बनाया गया तैलचित्र।

# प्रार्थना[1]

शैतान!
सुदूर आकाश के वासी शासक
मैं तेरी प्रार्थना करता हूँ और तेरा कितना गौरव-गान!
तू और तेरी विद्या, स्वप्न
नीचे गहन नरक के एकान्त में खोये
असफल थके पस्त,
एक दिन कृपा होगी और उस दिन ज्ञान की छाया में
तुम्हारे मानस में बसकर, जहाँ नूतन विचारों की लता
मेरे मानस को अपने में भर
किरीट-सी जम जाये
लता-सी लहराये!

1. 'शैतान की प्रार्थना' नाम की कविता का अंश।

# वालेन्स की नर्तकी लोला[1]

चारों तरफ देख सकते ओ फैली सुन्दरता
मैं अच्छी तरह समझता हूँ, दोस्तो!
हिचकना और इच्छा भरी जुगुप्सा
पर लोला की तपस उसका ओज अलग था
जो काले-लाल रत्नों से झरता था।

**लोला द वालेन्स**
फ्रेंच चित्रकार एदुआर माने (1832-1883)
द्वारा बनाया गया तैलचित्र।

1. प्रसिद्ध फ्रांसीसी चित्रकार एदुआर माने (1832-1883) का एक तैलचित्र, जिसमें एक स्पेनिस नर्तकी नृत्य की आकर्षक वेशभूषा में दिखाई गयी है। एक मत के अनुसार, बाद में बॉदलेयर ने अपनी कविता को इस पेंटिंग से जुड़वा लिया था। माना जाता है कि इस कविता में कवि ने अपनी प्रेमिका के सौन्दर्य के ओज को लाल रत्न और उसकी रहस्यात्मकता को काले रत्न से जोड़कर देखा था।

## मैं नहीं भूला, वहाँ हमारी श्वेत कुटिया होती थी

मैं नहीं भूला, वहाँ हमारी श्वेत कुटिया होती थी
शहर से कुछ दूर, छोटी-सी पर गहरी शान्त
वहाँ उकेरे चित्र में देवी पोमन और वीनस[1]
के नग्न सुन्दर अंगों की झलक
कुंज के छितरे पत्तों से छिपती थी।
और साँझ में सूरज की लालिमा गहरी
उत्सुक नभ से, बड़े नयन खोल कर देख रही हो
लम्बे और शान्त रात्रिभोज पर छिटक कर
जैसे चारों ओर दिए के उजाले का उत्सव सजता था
जब किरणें हलके मेजपोश, भारी परदों पर थिरती थीं।

1. क्रमशः फल और सौन्दर्य की देवी।

# अजनबी

रहस्यमय आदमी तुम्हें सबसे अच्छा कौन लगता है? तुम्हारी बहन, भाई, माता या पिता?

—मेरी कोई बहन नहीं, कोई भाई नहीं। माता-पिता से मैं महरूम रहा।

और तुम्हारे दोस्त, संगी-साथी?

—यह अनजाना शब्द, जिसका मतलब मैंने आज तक जाना ही नहीं।

और मात्रभूमि, देश तुम्हारा?

—मुझे पता नहीं किस अक्षांश में यह बसता है?

और खूबसूरती! यह जो हुस्न का बाजार सजा?

—यह नश्वर! मैं तो खुशी से चाहूँगा देवियाँ और अमरता।

क्या तुम्हारी खुशी छिपी स्वर्ण में?

—मुझे नफरत है इससे, जैसे तुम घृणा करते हो ईश्वर से।

अच्छा! लेकिन आखिर तुम किसे चाहते हो? कुछ तो पता लगे तुम्हारा?

ओ अनोखे अजनबी बताओ कुछ तो?

—मुझे भाते हैं बादल। गुजरते वहाँ! भटकना आवारा, अनोखे बादलों का!

# उसके बालों में बसी मेरी दुनिया[1]

मुझे तुम अपने बालों की खुशबू को देर तक अपनी श्वासों में भरने दो। इस खुशबू में मेरे चेहरे को तरने दो। जैसे एक प्यासा झरने में प्यास बुझाता। मेरे हाथों को बालों में सरगोशी करने दो। जैसे कोई खुशबूदार रूमाल हवा में लहराता, और हवा को खुशबू की यादें दे जाता।

यदि तुम जानना चाहो जो मैं देखता हूँ, महसूस करता हूँ, तेरे बालों के जंगल में सुनता हूँ? मेरी आत्मा भीनी खुशबू की पथिक बन जाती। जैसे दूसरों की आत्मा संगीत की धुन पर लहराती है।

तेरे केश ख्वाब से लदे हैं। मस्तूल और नौका से भरे हुए। इनमें गहरे सागर भरमाते और जिनके फेन मुझे सुखद मौसम तक ले जाते हैं, जहाँ आकाश बहुत नीला और गहरा होता। जहाँ फिजां फूल-पत्तियों की खुशबू से भरी और त्वचा की खुशबू से तर होती है।

तेरे बालों के दरिया में, उदास गीतों से भरी गोदी की झलक मिलती है। वहाँ दुनिया से जुटे यात्री भरे हैं जोश से। और तरह-तरह की अद्भुत नौकाएँ वहाँ खड़ी हैं। लिए अलग-अलग रंग रूप और बारीक नक्काशी। एक विशाल गगन के नीचे जहाँ अनन्त तपत बिखरती है।

तेरे बालों के स्पर्श में, मैं सुस्त क्षणों की मस्ती फिर खोजता हूँ। जब लम्बा समय सुन्दर जहाज के कमरे में बिछे दीवान पर गुजरा था। शैया गोदी की लहरों से हिलती थी जो ताजगी देने वाली सुराहियों और गमलों के बीच बिछी थी।

1. समझा जाता है कि यह गद्यमय कविता कवि ने अपनी प्रेमिका जॉन दूवाल पर लिखी थी। जिसे 'साँवले सौन्दर्य की देवी' के नाम से भी जाना जाता है।

तेरी तपी केश राशि में, मैं लेता हूँ गहरा श्वास। जहाँ मिलता है तम्बाकू, अफीम और मधुर खाँड का मिला-जुला अहसास। तेरे केश की गहरी रातों में, मुझे महसूस होती है—नम, ऊष्ण, नीले आकाश की अनन्त चमक। तेरे बिखरे केश के लहराते तट पर मुझे मदहोश करती है—कस्तूरी, नारियल-तेल, तारकोल की मिली-जुली सुगन्ध।

मुझे मुँह से काटने दो इन काले बालों की भारी लट-वेणी। जब मैं चबाता हूँ वेणी बालों की लचीली-छितरी। लगता है जैसे मैं यादें खाता हूँ जो चेतना में बसी हैं गहरी।

# खिड़कियाँ

जो आदमी बाहर से खिड़की के आरपार झाँकता है वह उतनी चीज कभी नहीं देख सकता जितनी कोई आदमी बन्द खिड़की पर नजर मारकर देख सकता है। दीपक के उजाले से भरी एक बन्द खिड़की से ज्यादा रहस्यमय, उद्देश्यपूर्ण और जुगुप्सा से भरी और कोई चीज हो ही नहीं सकती। जो भी हम सूर्य की रोशनी में देखते हैं वो कभी इतना जुगुप्सा से भरा दिलचस्प दृश्य नहीं होता जितना खिड़की के पीछे गुजरने वाला जीवन। यहाँ काला-सा छेद जहाँ जिन्दगी जीती है, स्वप्न देखती है और पीड़ा भी भोगती है।

दृश्यों की लहरों के पार, छत की परछाईं के पीछे, मुझे एक वृद्धा की झलक मिलती है। बेचारी गरीब जिसका चेहरा झुर्रियों से भरा है। वह हमेशा ही किसी चीज पर झुकी रहती है। वह कभी भी बाहर नहीं निकलती। इस तरह वह न अपना चेहरा दिखाती है न हाव-भाव और ना ही अपने वस्त्र। उसके पास शायद दिखाने लायक कुछ बचा ही ना हो! जब मैं उस औरत के अतीत के बारे में सोचता हूँ, उसकी पुरानी ख्याति के बारे में सोचता हूँ तो फिर कभी-कभी मैं बिलखता हुआ अपने आपसे उसका जीवन बयान करता हूँ।

और मैं सोचता हूँ कि यदि यह एक गरीब वृद्ध आदमी का मामला होता तो फिर मैं भी एक गरीब और लाचार वृद्ध आसानी से हो सकता था। इस तरह मैं भी ऐसा ही करता। फिर जब मैं सोने जाता हूँ तो इस भाव से मेरा हृदय गर्व से भर जाता है, क्योंकि मैंने अपनी परेशानियों के अतिरिक्त दूसरों की पीड़ा को जिया, उन्हें महसूस किया।

शायद आप मुझसे विरोधी के अन्दाज में पूँछेंगे कि मैं इस अपूर्व घटना या उसके सत्य के बारे में निश्चिन्त हूँ? लेकिन इससे कोई फर्क नहीं पड़ता कि मेरे बाहर सच्चाई क्या है। लेकिन हाँ, इससे मुझे जीने में मदद मिलती है। और साथ ही मेरे वजूद, मेरे अस्तित्व, संवेदना पर भी मुझे सोचने में मदद मिलती है।

# दर्पण

एक भयानक आदमी ने प्रवेश किया और अपना अक्स दर्पण में निहारने लगा।

मैंने पूछा—
'आप अपने आपको दर्पण में क्यों देख रहे हो? तुम अपना अक्स देख रहे हो जब तक कि तुम्हें इससे अरुचि ना हो जाये, है ना?'

उस खौफनाक बदसूरत आदमी ने जवाब दिया—
'जनाब 89 के महान अनश्वर नियम के बाद[1] सारे लोग कानून के सामने बराबर का अधिकार रखते हैं। इस तरह मुझे अपने आपको दर्पण में देखने का अधिकार है चाहे खुशी से या बिन खुशी के। वैसे भी यह मेरे अपने विवेक, अपने अन्त:करण का मामला है, जो इसे देखता है और इसमें दिखता है।'

यहाँ देखा जाये तो निस्सन्देह मेरा सोचना भी विवेकपूर्ण था। और कानून के अनुसार गलत वह भी नहीं था।

1. फ्रांसीसी क्रान्ति (1789-1799) जिसके अन्तर्गत राजशाही, कैथोलिक पादरियों के प्रमाद, सामन्तशाही का खात्मा हुआ तथा लोकतन्त्र की स्थापना हुई। इस क्रान्ति के कारण ही 'कानून के समक्ष प्रत्येक व्यक्ति समान है' का अनश्वर सिद्धान्त प्रतिपादित हुआ। इस गद्य गीत के विविध अर्थ लगाये जाते रहे हैं।

# परिशिष्ट

# बॉदलेयर के जीवन और उनकी कविताओं में स्त्रियाँ

बॉदलेयर की कविता में स्त्रियाँ अनेक स्तरों पर आती हैं और अनेक स्तरों पर ही उनका कवि से सम्बन्ध बनता है। यहाँ हम कविताओं में आये मिथकीय, क्लासिक चरित्रों से इस विमर्श को आरम्भ कर सकते हैं। यह तो सर्वविदित है कि मिथकीय चरित्रों को आधुनिक परिस्थितियों, विषयों या अपने अनुभवों से जोड़कर कवि ने कविता को ही नहीं अपितु इन मिथकीय चरित्रों को आधुनिकता प्रदान की थी। यहाँ कुछ चरित्रों को चिह्नित किया जा सकता है जैसे डायना (शिकार की देवी, कविता : मालाबार की एक औरत के नाम), पोमोन और वीनस (क्रमशः फलों और सौन्दर्य की देवी, कविता : मैं नहीं भूला, वहाँ हमारी श्वेत कुटिया होती थी), सिबेल (धरतीमाता, कविता : जिप्सियों का कारवाँ), प्रॉसर्पिन (मौसम की देवी, कविता : अतृप्त हवस), लेते (नरक नदी, कविता : नरक नदी) इत्यादि। दूसरी ओर कुछ और चरित्र भी सामने आये जिन्हें उन्होंने अपनी कविता में लेस्बियन सम्बन्ध का विषय बनाया। ये थीं लेस्बोस की पात्र देल्फिन और हिप्पोलित (शापित औरतें : देल्फिन और हिप्पोलित। कविता में देल्फिन जो एक युवक की प्रेमिका हिप्पोलित को अपनी ओर आकर्षित करती है)[1] इसके अलावा माने की पेंटिंग में चित्रित लोला नामक नर्तकी को भी बॉदलेयर ने जैसे अपनी कविता के माध्यम से अमरता प्रदान कर दी थी।

इसके अतिरिक्त बॉदलेयर की कविता और जीवन में आने वाली वे स्त्रियाँ हैं, जिन्होंने कवि के जीवन और कविता को गहरे तक प्रभावित किया था। इनमें सबसे पहले कवि की माता कारोलिन का जिक्र किया जा सकता है। अपनी माँ के साथ कवि के सम्बन्ध विरोधाभास से भरे थे। लेकिन इन विरोधाभासों के पीछे एक घटना सबसे प्रमुख थी जिसने कवि के बालमन को झकझोर दिया था, जिसे उनकी माँ के पुनर्विवाह से जोड़ा जाता है। फिर आर्थिक दुश्चिन्ताएँ भी थीं, जिनसे कवि दो-चार होता रहता था। ये परेशानियाँ कवि द्वारा पैतृक धन खुले हाथ लुटाने के कारण पैदा हुई थीं। बाद में बॉदलयेर अपनी माँ पर आर्थिक तौर पर निर्भर हो गये थे, जिससे कभी-कभी ये सम्बन्ध कटुता से भी भर जाते थे। अनेक बार बॉदलेयर अपनी माँ

1. यहाँ इस कविता का अनुवाद इस पुस्तक में नहीं दिया गया है।

से धन प्राप्ति के लिए छद्म कहानियाँ भी तैयार कर लिया करते थे। जैसे कि जल्दी ही उसे किसी अख़बार या साहित्यिक गतिविधि से धन प्राप्त होने वाला है। ऐसी कहानियों का उद्देश्य फौरी तौर पर अपनी माँ को विश्वास या दबाव में लेकर तुरत-फुरत धन प्राप्त करना हुआ करता था। फिर भी वह अपनी माता के करीब थे और वे सम्बन्ध आन्तरिक मधुरता और घनिष्ठता से भरे थे। अपनी माँ को लिखे अनेक पत्रों में वह जहाँ अपने जीवन के दुःख, त्रास और विचारों के बारे में लिखा करते थे, वहीं कवि को समय-समय पर दुःख और ऊब में माँ का साथ पाने की ललक भी थी। जिन्दगी भर भले ही बॉदलेयर के माँ से सम्बन्ध वैसे सहज न हो पाये हों, परन्तु कवि की मृत्यु पर बॉदलेयर की माता के मन में एक निश्चितन्ता जरूर छायी थी कि उनके पुत्र ने एक उच्च साहित्यिक मुकाम हासिल कर लिया था।

इस महत्त्वपूर्ण सम्बन्ध के इतर बॉदलेयर के जीवन में आयी तीन स्त्रियों के बारे में चर्चा करना आवश्यक है। इनमें सबसे पहले जॉन दूवाल का उल्लेख किया जा सकता है। कवि के लिए वह अद्भुत और मादक सौन्दर्य की देवी थी, जिसे कवि ने 'ब्लैक वीनस' कहा था। यद्यपि जॉन दूवाल के जीवन के बारे में, उसके प्रारम्भिक जीवन पर कोई खास प्रामाणिक सामग्री उपलब्ध नहीं है। उसको हैती, मॉरीशस और भारत के वंशजों से भी जोड़कर देखा जाता है। सबसे अधिक स्वीकार्य मत के अनुसार वह हैती में पैदा हुई फ्रांसीसी और अफ्रीकन रक्त की संकर नस्ल की लड़की थी। गहरे गेहुँए यानी कुछ श्यामल जॉन दूवाल, लम्बे कद, छरहरे और विकसित शरीर की, उलझे हुए घुँघराले बालों वाली आकर्षक लड़की के रूप में बॉदलेयर की कविताओं में दर्ज है।

मिश्रित नस्ल की लड़कियों को आधुनिक फ्रांस में 'मेत्तिस' के नस्ली नाम से जाना जाता है। यह मेत्तिस फ्रांस में कैसे आयी, इस पर अनेक विरोधाभासी मत हैं। लेकिन जहाँ तक तथ्य की बात है, वह 1838-1839 के मध्य पोर्त सेंत अंतवान नामक थिएटर में अभिनय के छोटे-मोटे रोल किया करती थी। दूवाल, बॉदलेयर के मित्र, फोटोग्राफर और चित्रकार नादार यानी गास्पार फेलिक्स तूरनाशों (1820-1910) की प्रेमिका थी, जो बाद में करीब 1842 के दौरान बॉदलेयर के सम्पर्क में आयी। कवि और जॉन दूवाल लम्बे समय तक साथ रहे। वे अलग भी रहे और फिर साथ-साथ रहने लगे थे। वह जॉन दूवाल ही थी जिसने स्थापित बिम्बों के विरुद्ध अपने आपको स्थापित करने वाले इस कवि का सबसे अधिक साथ पाया।

जॉन दूवाल के कवि की माँ का साथ द्वेषपूर्ण सम्बन्ध रहे थे। यहाँ तक की बॉदलेयर के नाम लिखे गये जॉन दूवाल के पत्रों को उसकी माँ ने नष्ट कर दिया था। बॉदलेयर अक्सर अपनी प्रेमिका की आर्थिक सहायता किया करता थे और

यह सहायता कवि के अन्तिम समय तक जारी रही। जिससे उनकी माँ बहुत रुष्ट रहा करती थीं। उनकी नजरों में जॉन दूवाल कवि के पतन का कारण थी।

कवि की इस बदनसीब प्रेमिका की सिफलिस से मौत हुई। अनुमान लगाया जाता है कि उसकी मृत्यु 1862 के आसपास हुई थी, यानी बॉदलेयर की मृत्यु से पाँच साल पहले। जबकि दूसरे स्रोतों के अनुसार उसकी मृत्यु अपने प्रेमी की मृत्यु के बाद हुई। इस बात की पुष्टि जॉन दूवाल के पूर्व प्रेमी और बॉदलेयर के मित्र नादार ने की थी। उनके अनुसार, उन्होंने 1870 में जॉन दूवाल को देखा था। उस समय सिफलिस ने उसे जर्जर कर दिया था और वह बैसाखी का इस्तेमाल कर रही थी। वहीं एक अन्य प्रसिद्ध फ्रांसीसी ओपेरा गायिका एमा कालवे (1858-1942) ने उसे बातिन्योल में कहीं जर्जर अवस्था में बैसाखियों के साथ देखा था। बॉदलेयर ने अपने बेल्जियम प्रवास के दौरान अपने एक पत्र में अपनी प्रेमिका का उल्लेख किया है। जिसमें उन्होंने अपने नोटेरी नारसिश अन्सेल से मिन्नत की थी कि वह 50 फ्रैंक जॉन प्रोस्पेर को मकान नंबर 17, गली सोफ्रवा, बातिन्योल के पते पर भिजवा दें। इन घटनाओं से जाहिर होता है कि उसकी मौत बॉदलेयर की मृत्यु के बाद हुई। यद्यपि इसकी आधिकारिक पुष्टि नहीं की जा सकती। इसी तरह उसका जन्म भी लगभग 1920 के आसपास माना जाता है। और इन सब तथ्यों की पुष्टि हो भी कैसे! जब वह स्वयं अलग-अलग स्थानों पर अलग-अलग नामों से पुकारी गयी जैसे जॉन दूवाल, जॉन प्रोस्पेर और जॉन लेमेर।

खैर जो भी हो, वह बॉदलेयर के लिए एक उत्तेजक जुगुप्सा और रहस्य से भरे सौन्दर्य का प्रतीक थी। कवि के लिए वह तीखे श्यामल सौन्दर्य की एक खतरनाक और खूबसूरत बाला थी, जिसके प्रेम, आकर्षण और प्रेरणा से वह कभी भी उबर नहीं सके। वे दोनों करीब 20 वर्ष तक एक-दूसरे के साथ प्रेम, सखाभाव से जुड़े रहे। बॉदलेयर की अपनी इस प्रेमिका के कारण ही फ्रांस में मिश्रित नस्ल वाली लड़कियों के प्रति फ्रांसीसी मानस में एक जुगुप्सा पैदा हुई। यही वजह है कि आज भी वे फ्रांसीसी प्रेमियों के मध्य तीव्र आकर्षण का केन्द्र हैं। वह जॉन दूवाल ही है जो उनकी कविता में सबसे अधिक उपस्थित है। उस पर लिखी या उससे सम्बन्धित अनेक कविताएँ इस अनुवाद के संकलन में दी गयी हैं। जैसे—'बालकॉनी', 'अतृप्त हवस', 'लहराती नागिन', 'पिशाच, पिशाचनी के रूप', 'तस्वीर', 'मैं तुम्हें देता ओ गीत-छन्द, मेरा नाम विकल', 'गहराई से चीख', 'उसके बालों में बसी मेरी दुनिया' आदि। वह कवि के लिए उनकी सब प्रेमिकाओं में सर्वोपरि थी, तभी तो बॉदलेयर ने जॉन दूवाल को अपनी कविता 'बालकॉनी' में यादों की जननी के साथ-साथ प्रेमिकाओं की प्रेमिका यानी सर्वोच्च प्रिया के रूप में चित्रित किया है।

बॉदलेयर जहाँ जॉन दूवाल के लिए प्रेमल थे, वहीं कुछ अन्य स्त्रियों से भी उनके सम्बन्ध रहे। लेकिन इतने मजबूत और प्रगाढ़ नहीं जितने कि श्यामल सौन्दर्य की इस देवी के साथ। यहाँ सबसे पहले अपोलोनी साबातिए (1822-1890) का जिक्र किया जा सकता है। वह एक नर्तकी, कलाकार और उच्च समाज के व्यक्तियों से वास्ता रखने वाली आकर्षक महिला थी, जो अनेक कलाकारों और लेखकों के लिए प्रेरणा और आकर्षण का केन्द्र रही। वह अक्सर बैठक आयोजित किया करती थी और उन बैठकों में, पेरिस का शायद मुश्किल से ही कोई ख्यातिनाम कलाकार या लेखक बचा हो जिसने वहाँ शिरकत न की हो। उसकी बैठकों में विक्टर ह्यूगो, गुस्ताव फ्लॉबेर, जेरार द नरवाल, अल्फ्रेद द म्यूजे, अर्सेन उसाई, एदमॉ रिचार, गुस्ताव रिकार, शार्ल अगुस्तां, गुस्ताव दोरे, एदुआर माने जैसी हस्तियाँ शामिल हुआ करती थीं।

कवि भी उसके सौन्दर्य और आकर्षण से बच नहीं पाया। लेकिन यह सम्बन्ध एक स्थायी प्रेम का रूप नहीं ले पाया। यह एक तरह से एकतरफा प्रेम जैसी स्थिति थी। जिसमें कवि के लिए वह प्रेरणा और सौन्दर्य का एक रूपक बनी रही। इस प्रेरणा को 'पथ प्रदर्शक' नामक कविता में स्वर मिला। लेकिन एक जुगुप्सा भरी वेदना भी कवि को बेचैन कर रही थी, जिसे कवि भेदना चाहता था। कवि उस रूप को एक प्रेमी की हसरत से देख रहा था, जिसकी निष्पत्ति उनकी कविता 'एक खूबसूरत निर्दयी छलना के नाम'[1] में देखी जा सकती है। कवि ने मादाम साबातिए पर 1852 और 1854 के मध्य 7 कविताएँ लिखी थीं। तात्पर्य यह है कि बॉदलेयर के लिए यह सम्बन्ध प्रेम का एक ऐसा रूप था जिसे वह भोगना चाहते थे, लेकिन इस असफलता मिश्रित प्रेम ने मादाम साबातिए को उनकी अनेक कविताओं की प्रेरणा बना दिया। इसका भी उल्लेख मिलता है कि भावनात्मक आकर्षण से अलग अल्प समय के लिए उनके शारीरिक सम्बन्ध भी रहे। खैर वास्तविकता जो भी हो, प्रेम का यह रूप प्रेरणा का अक्स पा सका, न कि एक युगल सम्बन्धों की सतह। बाद में बॉदलेयर अपनी प्रेमिका जॉन दूवाल के पास वापिस लौट आये। यह उसके सौन्दर्य का आकर्षण ही था कि अनेक लेखकों और चित्रकारों ने अपोलोनी पर लिखा और क्रमश: चित्र बनाये, अनेक मूर्तिकारों ने उसके शारीरिक सौष्ठव से प्रेरणा प्राप्त कर मूर्तियाँ गढ़ीं।

प्रेम और प्रेरणा से इतर एक सखाभाव भी बॉदलेयर के हृदय में विकसित हुआ था। इस भाव की जननी पेरिस में आकर स्थापित हुई एक खूबसूरत कमसिन

---

1. यहाँ कविता के मूल फ्रांसीसी शीर्षक का शब्द अनुवाद 'एक मस्त औरत के नाम' होना चाहिए, लेकिन कविता की विषयवस्तु को ध्यान में रखकर शीर्षक 'खूबसूरत निर्दयी छलना के नाम' रखा गया है।

नीली आँखों वाली अभिनेत्री मारी दोब्रॉ (1828-1901) थी। उसने 1848 में ला पोर्त सेंत मार्ता के थिएटर में 'सुनहरे बालों वाली सुन्दरी' नामक नाटक में भूमिका निभाई थी। बॉदलेयर उसकी खूबसूरती से प्रभावित हुए बिना न रह सके। लेकिन यह सम्बन्ध भी पिछले सम्बन्ध की ही तरह अद्भुत था। जहाँ अपोलोनी साबातिए कवि के लिए भावनाओं की प्रेरणास्रोत थी, वहीं मारी के लिए उनके हृदय में सखाभाव था, जैसे एक छोटी लड़की से प्रेम। यूँ भी सखाभाव के पीछे की भावना और आकर्षण के होते हुए यह सम्बन्ध भी असाधारण रहा। वे दोनों कुछ समय साथ रहे और फिर अलग हो गये। उसके बाद फिर साथ आये। लेकिन अन्त में वह बॉदलेयर के कवि मित्र थ्योदोर द बॉनविल (1823-1891) के साथ रहने लगी। मारी का यह चयन कोई अनोखी बात भी नहीं थी। जहाँ बॉनविल ने उसके अभिनय के कैरियर में मदद की वहीं उस पर कवितायें भी लिखीं। इसके अलावा बॉनविल के साथ रहना उसके लिए बॉदलेयर की बनिस्बत सहज भी था। इस पर इस घटना ने ईर्ष्या मिश्रित प्रेम-त्रिकोण का रूप ले लिया। बॉदलेयर की 'यात्रा का आमन्त्रण' और 'बिल्ली' नामक कविता मारी के लिए ही लिखी गयी हैं। कवि के लिए जहाँ प्रेम करना आसान था वहीं प्रेम कहना आसान नहीं था, अतः 'यात्रा का आमन्त्रण' कविता की प्रथम पंक्ति में वह मारी को, 'मेरी बच्ची, ओ मेरी सखी' से ही सम्बोधित कर सके।

यूँ तो बॉदलेयर के बोहेमियन जीवन के कारण उनके जीवन में आयी स्त्रियों का पूर्ण लेखा-जोखा ज्ञात करना नामुमकिन ही है, परन्तु यहाँ कुछ और चरित्रों का उल्लेख करना जरूरी प्रतीत होता है जिनसे वह शारीरिक और मानसिक स्तर पर प्रभावित हुए थे। उदाहरण के लिए, उन्हें सितम्बर 1841 में मॉरीशस यात्रा के दौरान मादाम ओतर द ब्रागार का आतिथ्य मिला था। इससे कवि का मानस मादाम के सौन्दर्य से अभिभूत हुए बिना नहीं रह सका। इस सौन्दर्य के प्रभाव में 'मालाबार की एक औरत के नाम' नामक कविता रची गयी। यद्यपि इस कविता को रचने का अनुरोध स्वयं मादाम के पति का था। इन सम्बन्धों से अलग एक वेश्या शारा ला लूशैत का उल्लेख करना यहाँ जरूरी लगता है। जिसके बारे में कहा जाता है कि उसके संसर्ग से ही कवि को युवावस्था में सिफलिस का संक्रमण हुआ। युवा अवस्था में हुए इस संसर्ग ने कवि को शारीरिक और मानसिक रूप से प्रभावित किया था। अन्त में यहाँ कवि की भावुकता की परिधि में आबद्ध पेरिस की उस युवा भिखारिन लड़की का भी जिक्र करना होगा जिस पर कवि ने भावविह्वल होकर 'लाल बालों वाली भिखारिन के नाम' से कविता लिखी थी।

कुल मिलाकर कवि के जीवन में आयी स्त्रियों का चित्रण कविता में अनेक

स्तरों पर हुआ है। यानी जितने घनिष्ठ सम्बन्ध उतना ही गहरा और भेदक चित्रण। और इसी भावना की तीव्रता से हर स्त्री के साथ उनके सम्बन्धों की गहराई को अलग-अलग महसूस किया जा सकता है। हमेशा से ही बॉदलेयर पर महिलाओं के असामान्य और विभत्स चित्रण का आरोप लगता रहा है। जिसे 'नरक नदी', 'पिशाच', 'पिशाचनी के रूप' आदि कविताओं में देखा जा सकता है। इसके बारे में कहा जा सकता है कि ये कवि के अनुभवजन्य संत्रास के बिम्ब थे। जिन्हें उन्होंने ईमानदारी से जैसा महसूस किया, उसी तरह चित्रित किया। क्या स्त्री को सर्वगुण सम्पन्न व्यक्तित्व का रूप देकर उसकी पूर्णता का दावा करना चाहिए? क्या कवि को स्त्री की आध्यात्मिक ऊँचाई और उसके पतन के भीषण अनुभव नहीं हुए थे? इस पर भी मनन की आवश्यकता है।

# बॉदलेयर और सॉनेट

बॉदलेयर ने मूलतः सॉनेट के रूप में कविताओं को लिखा है। कविता की यह संरचनात्मक तकनीक काफी पुरानी है। लेकिन फ्रांस में 16वीं शताब्दी में पहली बार क्लेमॉ मारो की कविताओं में इसका प्रयोग हुआ। बाद में जुआकिम दू बैले और पियर द रोनसार द्वारा इस छन्द का जमकर उपयोग किया गया। अठारहवीं शताब्दी में इसके प्रयोग में कमी आयी। बाद में, उन्नीसवीं शताब्दी में, अनेक कलावादी और प्रतीकवादी कवियों जैसे शार्ल बॉदलेयर, थियोफिल गॉथिए, शार्ल लेकांत द लीस्ल, रोसे मारिया द ऐरेदिया, मलार्मे और नरवाल आदि ने इसमें रुचि दिखाई।

बॉदलेयर ने इसे यूँ ही नहीं अपनाया। इसका कारण यह भी था कि पंक्तियों और शब्दों के सन्तुलित गठन में विचारों की तीव्रता तेजी से लक्षित होती है। वह एडगर एलेन पो के उस विचार से भी सहमत थे जिसमें पो लम्बी कविताओं पर असहमति व्यक्त करते हैं। उनके अनुसार कविता को छोटा और गठा हुआ होना चाहिए जो विचारों के केन्द्रीय सार के रूप में हो, न कि घटनाओं का विस्तार मात्र। सॉनेट के लिए बनाये नियमों का भी बॉदलेयर अनुपालन नहीं करते। इस मामले में वह बॉनविल के कायदे कानून के विपरीत जा खड़े होते हैं।

इटालियन सॉनेट में मुख्यतः 4–4 पंक्तियों वाले छन्द दो बार आते हैं और फिर 3–3 पक्तियाँ भी दो बार आती हैं। सामान्यतः बॉदलेयर ने सॉनेट के क्लासिक रूप को अपनाते हुए भी उसे अपनी तरह से साधा। यानी विचार और भावों की तीव्रता के अनुसार इनकी तुक में परिवर्तन किया। जिससे एक सॉनेट में ही अनेक बार तुक की अनुगूँज सुनाई देती है, और सॉनेट के अन्त में जैसे कवि की भावना भी स्पष्ट हो जाती है। सुविधा अनुसार अनेक परिवर्तन के कारण इन्हें बॉदलेरियन सॉनेट्स भी कहा जाता है। इस वजह से ये आधुनिक भी हैं।

यहाँ बॉदलेयर की छन्दबद्ध कविताओं का मुख्यतः मुक्तछन्द में अनुवाद किया गया है। इसके दो प्रमुख कारण हैं। प्रथम, जिस तरह से फ्रांसीसी भाषा में छन्द और लय का बन्धन होता है उस तरह से हिन्दी में छन्द के अनुवाद में इस बन्धन का अनुपालन करना पूरी तरह सम्भव नहीं है। और अगर किया भी जाये तो उसमें जहाँ कृत्रिमता आयेगी वहीं भावों का पूरी तरह से निरूपण नहीं हो पायेगा तथा कुछ खुलकर कहने की आजादी का भी दमन होगा। दूसरी ओर कविता का अनुवाद आज

के पाठक के आस्वाद के अनुसार होना चाहिए। अनेक हिन्दी कवियों के सुझाव अनुसार यहाँ मुक्त छन्द का प्रयोग किया गया है। यद्यपि कुछ कविताएँ अनुवाद में छन्दबद्ध भी हैं परन्तु उनमें भी अधिकांश के छन्द को किसी हद तक तोड़ा गया है। यहाँ यदि शेक्सपीरियन सॉनेट को छोड़ भी दें तब भी बॉदलेयर की मूल कविताओं में आये कुछ इटालियन सॉनेट्स का संरचनात्मक अध्ययन प्रासंगिक होगा।

क्लासिक सॉनेट के यहाँ दो उदाहरण दिये गये हैं।

**उदाहरण 1** : BOHEMIENS EN VOYAGE (जिप्सियों का कारवाँ)

La tribu prophétique aux prunelles ardentes
Hier s'est mise en route, emportant ses petits
Sur son dos, ou livrant à leurs fiers appétits
Le trésor toujours prêt des mamelles pendantes.

Les hommes vont à pied sous leurs armes luisantes
Le long des chariots où les leurs sont blottis,
Promenant sur le ciel des yeux appesantis
Par le morne regret des chimères absentes.

Du fond de son réduit sablonneux, le grillon,
Les regardant passer, redouble sa chanson;
Cybèle, qui les aime, augmente ses verdures,
Fait couler le rocher et fleurir le désert

Devant ces voyageurs, pour lesquels est ouvert
L'empire familier des ténèbres futures.

कविता की लयात्मक संरचना : अलेक्जेन्ड्राइन

तुक की संख्या : 5

आवृत्ति : ABBA और ABBA उसके बाद फिर CC/DEED

**उदाहरण 2** : PARFUM EXOTIQUE (अनोखी सुगन्ध)

Quand, les deux yeux fermés, en un soir chaud d'automne,
Je respire l'odeur de ton sein chaleureux,
Je vois se dérouler des rivages heureux
Qu'éblouissent les feux d'un soleil monotone;

Une île paresseuse où la nature donne
Des arbres singuliers et des fruits savoureux;
Des hommes dont le corps est mince et vigoureux,
Et des femmes dont l'oeil par sa franchise étonne.

Guidé par ton odeur vers de charmants climats,
Je vois un port rempli de voiles et de mâts
Encor tout fatigués par la vague marine,
Pendant que le parfum des verts tamariniers,

Qui circule dans l'air et m'enfle la narine,
Se mêle dans mon âme au chant des mariniers.

कविता की लयात्मक संरचना : अलेक्जेन्ड्राइन

तुक की संख्या : 5

आवृत्ति : ABBA फिर ABBA उसके बाद CC/DEDE

अनियमित सॉनेट के भी यहाँ दो उदाहरण दिये गये हैं।

**उदाहरण 1** : L' ENNEMI (दुश्मन)

Ma jeunesse ne fut qu'un ténébreux orage,
Traversé çà et là par de brillants soleils;
Le tonnerre et la pluie ont fait un tel ravage,
Qu'il reste en mon jardin bien peu de fruits vermeils.

Voilà que j'ai touché l'automne des idées,
Et qu'il faut employer la pelle et les râteaux
Pour rassembler à neuf les terres inondées,
Où l'eau creuse des trous grands comme des tombeaux.

Et qui sait si les fleurs nouvelles que je rêve
Trouveront dans ce sol lavé comme une grève
Le mystique aliment qui ferait leur vigueur ?
O douleur ! ô douleur ! le Temps mange la vie,

Et l'obscur Ennemi qui nous ronge le coeur
Du sang que nous perdons croît et se fortifie !

कविता की लयात्मक संरचना : अलेक्जेन्ड्राइन

आवृत्ति : ABAB फिर CDCD उसके बाद EE/FGFG

तुक की संख्या : 7 (चार पंक्तियों के छन्द में 4 और फिर 3-3 पंक्तियों के दो समूहों में 3) यहाँ तुक, छन्द में एक-दूसरे को काटती हैं।

**उदाहरण 2** : ALCHIMIE DE LA DOULEUR (दर्द की कीमियागिरी)

L'un t'éclaire avec son ardeur,
L'autre en toi met son deuil, Nature !

Ce qui dit à l'un: sépulture !
Dit à l'autre: vie et splendeur !

Hermès inconnu qui m'assistes
Et qui toujours m'intimidas,
Tu me rends l'égal de Midas,
Le plus triste des alchimistes;

Par toi je change l'or en fer
Et le paradis en enfer;
Dans le suaire des nuages
Je découvre un cadavre cher,

Et sur les célestes rivages
Je bâtis de grands sarcophages.

कविता की लयात्मक संरचना : ऑक्टोसिलेबिक
आवृत्ति : ABBA फिर CDDC उसके बाद EEFEFF
तुक की संख्या : 6 (कविता में अन्त तक लय बनती है)

इनके अतरिक्त बॉदलेयर ने कविता की एक और तकनीक Pantoum में भी काम किया। फ्रांसीसी कविता के लिए यह एक नयी तकनीक थी जिसमें ह्यूगो, बॉदलेयर, शार्ल लेकांत द लीस्ल, बॉनविल, वरलेन आदि कवियों ने काम किया था। Pantoum कविता कहने की एक निर्धारित गठन की तकनीक है। इसमें दूसरी और चौथी पंक्ति आगे आने वाली चार पंक्तियों की प्रथम और तीसरी पंक्ति का स्थान लेती हैं। इस तरह जहाँ प्रत्येक बार चार पंक्तियों में ABBA की निष्पत्ति होती है। आगे आने वाली पंक्तियाँ भी एक-दूसरे से ध्वनि एवं भाव के स्तर पर जुड़ी होती हैं।

यहाँ बॉदलेयर की कविता Harmonie du soir (साँझ का जीवन संगीत) Pantoum के उदाहरण के रूप में नीचे दी गयी है।

Voici venir les temps où vibrant sur sa tige
Chaque fleur s'évapore ainsi qu'un encensoir;
Les sons et les parfums tournent dans l'air du soir,
Valse mélancolique et langoureux vertige!

Chaque fleur s'évapore ainsi qu'un encensoir;
Le violon frémit comme un coeur qu'on afflige;
Valse mélancolique et langoureux vertige!
Le ciel est triste et beau comme un grand reposoir.

Le violon frémit comme un coeur qu'on afflige,
Un coeur tendre, qui hait le néant vaste et noir!
Le ciel est triste et beau comme un grand reposoir.
Le soleil s'est noyé dans son sang qui se fige.

Un coeur tendre, qui hait le néant vaste et noir,
Du passé lumineux recueille tout vestige!
Le soleil s'est noyé dans son sang qui se fige...
Son souvenir en moi luit comme un ostensoir!

---

# बॉदलेयर की रचनाएँ

बॉदलेयर की ख्याति एक कवि, कला के आलोचक और निबन्धकार के रूप में है। 1845 और 1846 में उनके कला की आलोचना सम्बन्धी लेख पुस्तक के रूप में प्रकाशित हुए। इसके बाद 1856 और 1857 में अमेरिकन कथाकार एडगर एलेन पो की कहानियों के अनुवाद प्रकाश में आये। और फिर 1857 के मध्य में 'Les Fleurs du mal' का प्रकाशन हुआ।[1] बाद में इसके 1861 और 1868 में संशोधित संस्करण छपे। अन्तिम संस्करण में 151 कविताएँ हैं। इसकी समग्रता के आधार पर इसे ही आधुनिक संस्करणों का प्रतिरूप माना जाता है। इसके अतिरिक्त उनकी रचनाओं में 'Le Peintre de la vie moderne' (1863) का नाम भी प्रमुखता से लिया जाता है जो कलाविषयक निबन्धों का संग्रह है। उनकी मृत्यु के बाद ही 'Spleen de Paris' का प्रकाशन 1969 में हुआ। बॉदलेयर की प्रसिद्ध रचनाओं में मुख्यत: Les Fleurs du mal, Le Peintre de la vie moderne और Spleen de Paris को गिना जाता है।

बॉदलेयर की रचनाओं की सूची नीचे दी गयी है।

Le Salon de 1845 (1845)
Don Juan aux Enfers (1846)
Conseils aux jeunes littérateurs (1846)
Choix de maximes consolantes sur l'amour (1846)
Le Salon de 1846 (1846)
La Fanfarlo (1847)
Du vin et du haschisch (1851)
Onze Sonnets (1851)
L'Exposition universelle (1855)
Les Fleurs du mal (1857) Première édition
Le Poème du haschisch (1858)
Le Salon de 1859 (1859)
Les Paradis artificiels (1860)
Les Fleurs du mal (1861) Seconde édition augmentée
Richard Wagner et Tannhäuser à Paris (1861)

1. प्रकाशक : Poulet - Malassis et de Broise, Paris.

Le Spleen de Paris (1862)
Le Peintre de la vie moderne (1863)
Petits poèmes en prose (1864) Spleen de Paris de 1862
Épaves (1866)
Nouvelles Fleurs du mal (1866)
Curiosités esthétiques (1868) Publication posthume
L'Art romantique (1868) Publication posthume
Spleen de Paris (1869) Publication posthume

---

# धन्यवाद ज्ञापन

'प्रतीकों की पहेली' के कवि बॉदलेयर के प्रति असीम श्रद्धा के साथ ही यहाँ उन महान चित्रकारों के प्रति भी ऋणी होने का भाव-बोध है जिनके कला चित्र इस पुस्तक में लिए गये हैं। इनसे जहाँ पुस्तक अधिक आकर्षक बन सकी, वहीं चित्रों के माध्यम से कविता और इनमें आये प्रतीकों को पाठकों के और भी निकट लाने का अहसास हुआ।

बॉदलेयर के हिन्दी अनुवाद होते रहे हैं। जिनमें स्व. राम बहादुर सिंह 'मुक्त' और डॉ. शरद चन्द्रा के माध्यम से किये गये अनुवाद प्रमुख हैं। इस तरह से वे मेरे वरिष्ठ हैं। चूँकि मैंने भी बॉदलेयर के अनुवाद किये हैं, अत: इसी प्रवाह का अंग होने के कारण मैं उनके प्रति आदर भाव व्यक्त करता हूँ।

मैं विश्व कविता में गहरी रुचि रखने वाले अनेक हिन्दी कवियों, विद्वानों का कृतज्ञ हूँ जिनके सुझाव और उनके साथ हुए विमर्श ने मुझे अनुवाद के शिल्प और अनुशासन को बेहतर तरीके से जानने-समझने का अवसर दिया। इसके साथ ही आलोचना से अनुवादों को सँवारने का बल मिला। मैं यहाँ फ्रांसीसी दूतावास के 'पुस्तक अनुभाग' के अधिकारियों को धन्यवाद देता हूँ जिन्होंने सोलह पुस्तकों में सिमटी इस श्रृंखला में रुचि ली और इन दोनों पुस्तकों के लिए अनुदान स्वीकृत किया। वाणी प्रकाशन के प्रमुख श्री अरुण माहेश्वरी एवं अदिति जी का आभारी हूँ जिन्होंने दोनों पुस्तकों को सुरुचिपूर्ण तरीके से प्रकाशित करने के प्रति मुझे आश्वस्त किया है।

अन्त में व्यक्तिगत तौर पर अन्तस में छिपे गहरे अशेष भाव पत्नी और परिवार के लिए। परिवार से दूर रहने के कारण मैं धन्यवाद ज्ञापन के इस पृष्ठ पर इन भावों को उकेरने के लोभ से अपने आपको अलग नहीं कर पा रहा हूँ।

**—मदन पाल सिंह**

# Remerciements

Mes premiers remerciements vont naturellement à M. Kedarnath Singh, M. Ashok Bajpeyi, M. Arun Kamal, M. Madan Kashyap qui m'ont apporté deprécieux conseils me permettant d'enrichir mon point de vue. Un immense merci à M. Arun Maheswari et Mlle Aditi de Vani Prakashan qui ont accepté de publier mes travaux. Ma reconnaissance va également à Dr. Nicolas Idier, Mlle Dorothiée Gieux et Dr Judith Oriol (ex-employée) d'Institut français d'Inde de leur intérêt pour mon projet de traduction de la poésie française.

Je tiens à remercier chaleureusement mon ami Michael pour sa patience et ses réponses à mes questions qui m'ont permis de considérablement étoffer mes connaissances. Je remercie également la famille LAGENEBRE pour leur soutien moral, leur gentillesse et la bonne ambiance qu'ils ont générées, ont largement contribué à mon bien-être, ce qui a constitué pour une sorte de "deuxième famille" à mes yeux.

Finalement mais certainement pas moins important, j'ai quelques remerciements plus personnels à formuler. Tout d'abord, à mes parents que j'admire, pour leur courage, leur humour et leur bonté qui a été pour moi le plus bel exemple à suivre, puis à mon oncle Naresh Chauhan et mon frère Prshant ji, Davender Kumar, que j'aime de tout mon coeur.

Mes derniers remerciements vont à ma femme Mithlesh qui a donné un sens à ma vie et je souhaite vivement que sa force, sa tendresse, sa gentillesse nous procure encore de nombreux moments merveilleux.

**—Madan Pal Singh**

# TABLE DES MATIÈRES